Das Bergische Land

Die 20 schönsten Wanderungen

MIX
Papier aus verantwortungsvollen Quellen
FSC® C043106

Titelmotiv: Haus Müngsten

Bildnachweis
Alle Abbildungen: Michael Bengel

Bibliografische Information der Deutschen Nationalbibliothek
Die Deutsche Nationalbibliothek verzeichnet diese Publikation in der Deutschen Nationalbibliografie; detaillierte bibliografische Daten sind im Internet über **http://dnb.dnb.de** abrufbar.

1. Auflage 2016

Gestaltung: Cindy Kinze, Köln
Lektorat: Frauke Severit, Berlin
Karten: Barbara Köhler, Bergheim
Druck: Grafisches Centrum Cuno, Calbe
Printed in Germany

ISBN 978-3-7616-3029-7 Buchausgabe
ISBN 978-3-7616-3039-6 EPUB
ISBN 978-3-7616-3038-9 PDF
ISBN 978-3-7616-3040-2 mobi

Aktuelle Programminformationen finden Sie unter
www.bachem.de/verlag

Auch als eBook erhältlich

Peter Squentz

Das Bergische Land

Die 20 schönsten Wanderungen

J.P. Bachem Verlag

ZU DIESEM BUCH

Das Bergische Land ist Wanderland. Seit 1977 gibt es die Tippeltouren, in mehr als 300 Folgen liegen sie vor. Die allererste führte „ins Bergische“ und die zweite von allen genauso. Von Anfang an hatte das Bergische Land eine Sonderstellung unter den Wanderzielen. Die 20 Tippeltouren, die in diesem Band versammelt sind, gehören zu den schönsten der insgesamt weit über 80 Touren im Bergischen Land. Sie alle wurden für diese aktuelle Neuausgabe ausnahmslos noch einmal neu erkundet, neu erwandert, vielfach neu beschrieben oder neu bebildert. Nicht selten wurden dabei Wege streckenweise neu geführt, um den Verlauf noch schöner oder schlüssiger zu gestalten.
Der Schwerpunkt der Auswahl lag und liegt nach wie vor auf dem Herzstück des Bergischen Landes zwischen Altenberg und Burg an der Wupper, den beiden historischen Zentren der alten Grafschaft Berg. Die Stammburg des Geschlechts, „mons vetus“ an der Dhünn, ist in den letzten Jahren erst für den Spaziergänger erschlossen worden. Jetzt führt auch eine Tippeltour hierhin. Vielfach liegen die Wege so dicht beisammen, dass sie sich verbinden oder variieren lassen. Immer war ihr landschaftlicher Reiz Voraussetzung für die Aufnahme in die Sammlung; daneben aber ermöglichte gerade die Konzentration eine dichte thematische Verknüpfung mit der naturräumlichen Gliederung des Wandergebiets, seiner vielfältigen Geschichte, seiner Überlieferung in Sagen und Legenden. Vermutlich war gerade das eine Voraussetzung für den Erfolg der Tippeltouren seit Jahrzehnten.
Seit einigen Jahren ist in den entsprechenden Wissenschaften das Interesse zu beobachten, Landschaften und Städte als Zeichensysteme zu „lesen“. Genau diesem Interesse haben sich die Tippeltouren von Anfang an verschrieben: Wanderungen auf der Grenze hin zum Feuilleton zu sein, die Verbindung zu schaffen von verlässlicher Detail- und Wegbeschreibung, die der Wanderer braucht, mit dem erzählerischen Zugriff als Lesebuch, Geschichtsbuch, Anekdotensammlung, der den Tippeltouren ihre Leser bringt. Denn für die Leser sind die Tippeltouren ursprünglich gedacht. Die bloße reduzierte Wegbeschreibung im Umfang einer Zeitungsseite wäre für den reinen Leser eine verschwendete Seite voller unerheblicher und

folgenloser Buchstaben. Daneben soll auch dieses Buch als eine Einladung ins Freie verstanden sein. Es will aus seinen Lesern Wanderer machen, die das Bergische im Kern erwandern, „lesen", vor Ort wie im Buch, und in beidem besser kennenlernen.

Es war noch nie so einfach, schöne Wanderstrecken zu entdecken: Seit das Wandern auch als Wirtschaftsfaktor angesehen wird, bieten regionale Agenturen und Gemeinden in großer Vielfalt Wanderstrecken an, im Internet, mit Informationen vor Ort, Hinweisen auf „Qualitätsgastgeber", mit vielfach neuen Wegen und der „Möblierung" der Landschaft durch Information.

Einen großen Aufbruch in allerjüngster Zeit erlebte das Bergische Land als Region des Wanderns im Jahr 2011, als sich die bisherigen Vereine Rhein-Berg-Tourismus e. V. und der Touristik-Verband Oberbergisches Land e. V. zum offiziellen Tourismus-Portal der „Naturarena Bergisches Land Tourismus" zusammenschlossen, die heute unter den Namen „Das Bergische" oder „Das Bergische Wanderland" die Initiativen wie die Fördermittel bündeln.

Mit Veranstaltungen, Zertifizierungen, zwei neu geschaffenen Fernwanderwegen, von denen für den Geltungsbereich dieses Buchs der „Bergische Weg" der wichtigere ist, und 24 „Bergischen Streifzügen" hat man so dem Wandervergnügen in Teilen des Bergischen Landes eine neue Grundlage gegeben. Im Städtedreieck an der Wupper, Solingen, Wuppertal, Remscheid, wurden bei diversen „Regionalen" Wege schon vorher neu bezeichnet und beschildert. Dabei darf nicht übersehen werden, dass ohne die traditionsreiche Arbeit des Sauerländischen Gebirgsvereins (SGV) diese Neuerungen nicht zustande gekommen wären. Andererseits sind alte Wanderwege aufgelöst worden – nicht als Weg, nur als markierter Wanderweg. Diese neuen Initiativen, von Verbänden, Instituten und Institutionen getragen, prägen auch, teils absichtsvoll, teils ungewollt, ein neues Bild vom Wandern als „Genusswandern": Die „Steige", die in den vergangenen Jahren allerorts gesprossen sind wie Pilze aus dem Boden, dehnen den Begriff des Wanderns mit einem unaufhörlichen Auf und Ab bisweilen hin in Richtung Fitnessstudio im Freien; „romantisch"

heißt dann leicht „rückwärtsgerichtet": Asphaltbelage sind verpönt beim Wanderweg; und doch sind sie die selbstverständliche Gegebenheit – nicht nur im Bergischen Land. Und bei guten Schuhen stellt Asphalt als Untergrund auch keine Beeinträchtigung des Wandervergnügens dar. Und ein Drittes ist neu: Seit Wandern auf dem Markt verhandelt wird, fördert es und fordert Wechselseitigkeit von Angebot und Nachfrage: Wer Geld für eine neue Wanderstrecke gibt, der möchte im Gegenzug, dass bei der Streckenführung auch seine Interessen nicht auf der Strecke bleiben. Neu erfunden hat man das Wandern mit alledem allerdings nicht.
Und so kommt es, dass die Tippeltouren dieses Buchs und die gut erschlossenen Routen des „Bergischen Wanderlands" einander oft berühren. Nicht, weil da einer vom anderen abgekupfert hätte. Dass neue, zertifizierte Wegverläufe derart detailliert bereits bestehenden Tippeltouren folgen, zwischen der Wupperschleife bei Burg an der Wupper und dem Lüderich bei Rösrath-Hoffnungsthal, wirkt mitunter zwar verblüffend, hängt aber, wie schon der Verlauf der Tippeltouren selbst, von etwas Drittem ab: dem landschaftlichen und vor allem kulturellen Reichtum und Reiz der Region. Bachtäler und Höhenwege sind weder unbegrenzt vorhanden noch lassen sie sich nach Lust und Laune verschieben. Kulturdenkmäler, alte Burgen, Klöster, Hammerwerke und dergleichen Sehenswürdigkeiten, also Objekte, die es wert sind, gesehen zu werden, haben immer schon als Ziel und Etappe gedient.
Die Wegführung der Tippeltouren dieses Buchs wurden allesamt sorgfältig im Lichte vieler neuer Wegmarkierungen geprüft, vielfach auch im Detail verändert, um leichter beschreibbar und haltbar zu bleiben. Das Verweissystem der Zahlen in Text und Karte zu den Markierungen vor Ort sollte es in der Regel möglich machen, dass die Tippeltour, wenn sie erst einmal gelesen worden ist und neugierig auf die Erkundung dieses Wegs gemacht hat, in der Natur anhand der Verweiszahlen und dem, was sie vor Ort bedeuten, ohne großes Blättern nachvollzogen und genossen werden kann. So stellen die Tippeltouren im Bergischen Land nun die Quintessenz jahrzehntelangen Wanderns dar. Freilich tagesaktuell. Die weitaus meisten

der Markierungen vor Ort verweisen auf die traditionsreiche Leistung der Wandervereine: Offene liegende Winkel, die je mit der Spitze wie der offenen Seite eine Richtung anzeigen können, kennzeichnen Wege des Kölner Eifelvereins. Wege, die durch ein Andreaskreuz („X") und eine Zahl markiert sind, weisen die Hauptwanderstrecken des Sauerländischen Gebirgsvereins aus, Winkel mit Rauten nebst Zahlen Bezirkswege des „SGV". Daneben gibt es die bereits erwähnten „Bergischen Streifzüge" (weiße Zahlen auf rotem Grund), den „Bergischen Weg" (orange) und den „Bergischen Panoramasteig" (gelb), den Jakobspilgerwanderweg (mit der Jakobsmuschel) und weitere regionale Wanderwege.
Noch ein Wort zu den Wanderkarten: Ganz neu ist ein Kartensatz der „Naturarena Bergisches Land GmbH". Hier ist die passende zu jeder Strecke angegeben. Daneben gibt es die verbreiteten Kompass-Karten und die Wanderkarten der „GeoCenter Touristik Medienservice GmbH". Sie ähneln stark den ehemaligen Wanderkarten 1:25.000 des Landesvermessungsamtes, sind tagesaktuell und doppelseitig bedruckt, sodass die allermeisten Touren dieses Buchs auf den beiden Kartenblättern 03 und 48 zu finden sind.
Sehr empfehlenswert sind die internetbasierten Kartendienste: vor allem das „Topographische Informationsmanagement" der Bezirksregierung Köln („TIM-online"), das Flächen von NRW beinahe in jedem Maßstab abbildbar und ausdruckbar macht, mit und ohne Wanderwege. Beeindruckend ist das private Projekt der „Wanderreitkarte" auf der Basis von „OpenStreetMap". Und auch die Karten von „Falk" sind frei skalierbar und weisen als „Outdoorkarten" ebenfalls die Wanderwege aus.
Nach wie vor aber sollten die Tippeltouren keiner weiteren Hilfsmittel bedürfen, um gelesen, gewandert und genossen zu werden.

www.tim-online.nrw.de
www.wanderreitkarte.de
www.falk.de

TOUR 1

Bienenstich und Gottvertrauen

Rund um Beyenburg

Wo die alte Heerstraße nach Schwelm die Wupper kreuzt, saßen die Grafen von Berg seit eh und je in einem festen Haus hoch auf dem Hang. Hier gab es in der engen Wupperschleife eine Furt, hier endete die Grafschaft Berg, dahinter lag die Grafschaft Mark: Westfalen. Anfangs hütete ein sagenhafter Hund mit Augen wie glühende Kohle die Grenze, später mochte man sich auf das Ungetüm alleine nicht verlassen und baute eine Burg in dem Mäander. 1298 holte sich der Kölner Domprobst Konrad von Berg ein Kloster ins Land, Kreuzherren aus dem flämischen Huy, am 7. Januar des Jahres 1303 schenkte ihnen dann Graf Wilhelm von Berg die Wupperschleife neben der Burg auf der empfindlichen Grenze. So kam der alte Flecken an die Wupper. Und wie kam er an den Namen? Das weiß nun wieder die Sage: Jetzt waren es Nonnen, die hier Andacht übten, zarte, unbewehrte Himmelsdienerinnen, umgeben von feindlichen Männern. Die wollten ihrem Kloster allesamt den Garaus machen und drangen auf den Berg von allen Seiten. Die Nonnen hatten nichts als Bienenkörbe, die setzten sie rings um das Kloster aus, und als die Ritter mit Gewalt die Kirche stürmten, stießen sie die Körbe um – und waren schon geschlagen: Ein ganzes Heer von

Bienen warf sich in die Schlacht, und wer nicht schnell genug das Weite oder immerhin das Wasser fand, dem drangen sie in Helm und Brustwehr. Seit jenem Tage heißen Ort und Kloster nach dem alten Wort für Bienen „Beyenburg".

Soweit die Legende: Gegen wirkliche Feinde indes war Beyenburg mit Bienenstich und Gottvertrauen allein nicht zu verteidigen, oft genug nicht einmal mit Waffen. Mehrfach wurden Burg und Beyenburg belagert und verheert. Die Burg verfiel, was blieb, bis heute, war die Grenze.

Gezogen wird sie vom Verlauf der jungen Wupper, die sie in die Grauwacke geritzt hat. An beiden Ufern steigt die alte Heer- und Handelsstraße mächtig an: „Kurvenstraße" heißt sie heute noch zum Rheinland hin. Und gegenüber klettert sie mit Macht durch eine Bresche, die erst 200 Jahre alt ist. Der Rücken aus Grauwacke-Sandstein war dem Verkehrsaufkommen des Industriezeitalters dermaßen im Weg, dass Napoleon ein Hintertörchen sprengen ließ: „Napoleonstor" heißt die Lücke seither, öfter noch: „Porta Westfalica". So hieß auch das Gasthaus an der Brücke, das Fachwerkhaus an der Ecke, dem man seine alte Aufgabe noch immer ansieht, seit 1472 in Betrieb bis 1997. Ihm gegenüber gab es damals auch einen „Bergischen Hof".

Beyenburg

1

Vom Parkplatz, dem alten Straßenstück „Porta Westfalica", gehen wir auf der „Wupperstraße" zurück bis zur Brücke und steigen neben dem ehemaligen Wirtshaus mit der Landstraße und anfangs vielen Wanderwegezeichen am Laternenmast hinauf. Selbst nach Napoleons Durchbruch weist die Straße noch zwölf Prozent Steigung auf.

2

Wir passieren an der Bushaltestelle den Weg, über den wir zurückkommen werden, und steigen weiter durch die Kurve, in die „Porta Westfalica". Hier sieht man gut die Faltungen im Urgestein, durch das die Straße aufwärts führt. Gleich

Porta Westfalica

3 hinter dem Felsaufschluss folgen wir dem Wanderweg nach rechts, an der rot-weißen Schranke vorbei, in den Wald. Unser Zeichen ist für lange Zeit die weiße Kontur eines Dreiecks auf schwarzem Grund, der Wanderweg von Beyenburg nach Schwelm.

Es geht an einem alten Steinbruchloch vorüber, in dem eine große Esche steht. Der alte Karrenweg steigt an der Flanke an und lässt noch das Pflaster seiner Frühzeit aus Grauwacke und Ziegelstein erkennen. Bei einer dickstämmigen Eiche wandern wir oben dann zum Wald hinaus und zwischen jungen Stämmen weiter geradeaus in freies Grünland, dann rechts und wieder links durch einen Doppelknick, auf einem Saumpfad der Höhe entgegen. In der sandigen Böschung sehen wir die Löcher von Wespen und Mäusen. Oben wandern wir an Wald entlang, schon höher als die nun entfernte Straße. Als wir die flache Höhe überwunden haben, reicht der Blick auch weit zurück ins Bergische und tief ins Tal der Wupper.

4 Dann geht es lange durch den Wald. Rechts stößt nach einem halben Kilometer der Rundweg „A 3" zu unserem Höhenweg hinzu. Wir bleiben weiter geradeaus mit beiden Zeichen, mal links, mal rechts an Freiflächen entlang. Knapp einen Kilometer weiter dann verlässt uns der Schwelmer Weg mit einem Reitweg nach links. 5 Eine zweistämmige Eiche weist uns die Richtung: weiter geradeaus, nun mit „A 3". Wir wandern hier sacht im Schwenk nach links und stoßen nach 300 Metern mit einem zweiten

Auf dem Jakobsweg

Weg rechts neben uns auf einen asphaltierten Fahrweg. Er führt mit vielen Wanderzeichen rechts nach Königsfeld.
Wir aber gehen hier im spitzen Winkel rechts, weiter mit „A 3", nun auch mit dem Andreaskreuz des SGV-Wegs 28 und ein paar Meter mit dem „Wappenweg". Kurz vor dem weißen Einzelhaus schwenkt der Weg nach rechts. Und vor dem Haus verlassen uns der Wappenweg und andere über einen Pfad nach rechts. Wir wandern geradeaus, am Haus vorüber, wieder in der freien Flur und nah dem Wald zur Rechten („X"). Es geht durch eine

Westfälische Dickschädel

weite flache Senke, dann über eine kyrillisch-kahle Höhe, an deren Rand nur noch die Eichen stehen. Als auch auf der Linken die Eichen enden, sehen wir das nächste Ziel: die Ausflugsgaststätte „Zur Hölzernen Klinke", einst ein Bauernhof, seit 1955 Gastwirtschaft.
Wir wandern auf ein ochsenblutrotes Wohnhaus zu, dort weisen uns am Strommast alle Zeichen nach links, und wir erreichen über den Fahrweg 6
„Hölzerne Klinke" das Straßenkreuz mit der Bushaltestelle zur Rechten. Hier setzen wir nach der Erholung den Rundweg fort: Gleich an der Haltestelle gehen wir im spitzen Winkel rechts, entlang der Weißdornhecke am Gartengrundstück des verschieferten Hauses und weiter zwischen der Hecke, die mal aus Buchen, dann erneut aus Weißdornbüschen besteht, und der Grünfläche zur Linken an den Wald. Dort finden wir das Zeichen, dem wir künftig folgen: „A 2".
Am Waldrand schwenken wir nach links und wandern weiter, in die Senke, gleich auch in den Wald. Ein schmaler Pfad verläuft im Laubwald zwischen Ilexbüschen und führt uns in der Böschung abwärts. Nach einem Stück von Fichtenwald wandern wir am Rand des Kerbtals zwischen Weide-

Im „Beyenburger Dom"

zäunen im Schatten von Buchen und wilden Kirschen, Eichen und Eschen. Bei einer Gabelung inmitten der Weide halten wir uns rechts, um weiterhin bergab zu kommen an den Lauf der Uellenbecke, die sich hier so deutlich eingegraben hat. Noch einmal geht es durch die Fichtenholzfabrik. Dann stößt unser Pfad auf einen festen Weg, der von der rechten Bachseite im Schwenk herüberkommt. Ihm könnten wir nun rechts und aufwärts folgen, einmal durch die weite Kehre links, noch einmal einen halben Kilometer weit bis in den Rechtsknick und von der Felsenkanzel auf dem Bilstein mit Geländer geradewegs, zickzack, hinab. Wir aber wandern mit „A 2" und geradeaus, weiter links des Wassers, nun auf dem festen Weg. Es geht vorbei am weiß-braunen Fachwerkhaus 89 und im Schwenk nach rechts. Der Bachlauf, der mittlerweile links verläuft, ist wenig mehr als bloß ein Wasserfaden, an dem einzelne Wohnstätten aufgereiht sind. Am Schieferhaus Nr. 90 verlässt uns der Asphaltweg im scharfen Knick nach links. Wir folgen dem „A 2" hinter dem Haus nach rechts und kommen unvermittelt über einen Pfad an die Wupper. Von nun an geht es wupperabwärts. Am Prallhang ist der Pfad am Anfang durch Beton befestigt, dann hat er sogar ein Geländer und steigt durch den schiefrigen Felsen am Fluss.

Wo zur Rechten der Felsensteig mit Geländer vom Bilsteiner Kopf heruntersteigt, erreichen wir ein grünes Fußgängerbrückchen über den Fluss,
7 das wie ein Eisbrecher gegen Hochwasser und Eisschollen gesichert ist. Hier machen sich die Wanderwegezeichen im halben Dutzend Konkurrenz. Wir wandern hinüber ins Bergische Land, vorüber an „Haus Bilstein" (oder auch nicht und hinein), dann durch die Wohnlagen der Stadt hinauf („Zum Bilstein"), „Am Gerstenkamp" vorbei und an die alte Klosterkirche

heran, vor der im Westen die Figur Theodorus von Celles steht, der an der Maas 1211 den Orden der Kreuzherren gegründet hat. 1485 errichteten sie dieses Kloster, 1497 begannen sie mit dem Bau dieser Kirche. Seit der Aufhebung des Klosters zur Franzosenzeit dient sie allein als Pfarrkirche von Beyenburg. Damals brannten „zimmerhoch" die Bücher aus der alten Bibliothek, so haben es die Augenzeugen überliefert, und diesmal war es

Jetzt auch mit Brücke

kein verrückter Mönch wie in Umberto Ecos Mittelalter-Meisterstück „Der Name der Rose", diesmal war es ein französischer Beamter, von nichts beflügelt als vom Fortschritt. Das Licht der Aufklärung war auch mit frommen Büchern zu befeuern.

Nach der Besichtigung der alten Kirche St. Maria Magdalena drücken wir am Eingang noch den Pilgerstempel auf die Wanderkarte, dann steigen wir neben der Kirche mit dem „Wappenweg" und dem Jakobspilgerweg die Treppenstufen hinab in die Altstadt am Sockel des Beyenbergs. Mit den Sträßchen „Am Obergraben" und „Am Untergraben" geht es weiter. Hier bieten sich im Fachwerk viele schöne Blicke, und seit man die Wupper ein wenig oberhalb gestaut hat, 1953, gibt es die ganze gestaffelte Schönheit aus Fachwerk und Schiefer auch doppelt.

Gegen Wupper-Eis geschützt

Wir folgen dann der Wupperschleife wieder flussabwärts, kommen mit dem Sträßchen „Beyenburger Furt" an der alten Dorfpumpe vorüber, auch vorbei an der kleinen Wupperbrücke, auf deren märkischer Seite die kleine Kapelle „Maria im Schnee" zu einem Abstecher verlockt. Dann geht es weiter mit der alten Straße an der alten Furt, bis wir am Gasthaus „Zur alten Bruderschaft" wieder auf den „Untergraben" stoßen und so weiter durch den Wupperbogen wandern, um nach einer vollständigen Kehre den
7 Beginn der Straße „Gerstenkamp" zu erreichen. Hier gibt es zwischen den Häusern 15 und 13 einen Durchlass, von dem aus wir nach rechts zurück
2 und über die Wupper gelangen. An ihrem rechten Ufer folgen wir dann ihrem Lauf (Andreaskreuz, Raute und Quadrat) durch den Verlauf der Wup-
1 perschleife, bis wir zuletzt beim rot-weißen Pfosten auf die Straße an der „Porta Westfalica" treffen und, zweimal links, zum Ausgangspunkt kommen.

Eschen am Fluss

INFORMATION

CHARAKTER
Schöner Höhenweg mit besuchenswertem Fachwerk-Kleinod; feste Wege (Asphalt nur zu Beginn und im Stadtbild) und Waldboden

ANFAHRT
Anreise mit ÖPNV bietet sich nicht an. Mit dem Auto A 1 bis Remscheid-Lennep, dann rechts gut 1,5 km auf der „Ringstraße", bis die „Deutsche Alleenstraße" ausgeschildert ist, scharf links in Richtung Beyenburg, auf der „Schwelmer Straße" (L 411) bis ins Tal, über die Wupper, „Wupperstraße" rechts, nach ca. 80 m Parkplatz („Porta Westfalica")

NAVI-EINGABE
N 51.249860, E 7.292289

DAUER / LÄNGE
3 Stunden / 9 km

WANDERKARTE
Das Bergische (Hg.): Wanderkarte Bergisches Land, Maßstab 1:25.000 (= Karte 1: Norden/Osten) 2015

GASTHÄUSER
Zur Hölzernen Klinke
Hölzerne Klinke 86, 58256 Ennepetal
Tel. 02333/916 80
(Ö): Mi–Mo 11–22 Uhr
www.h-klinke.com

Haus Bilstein
42399 Wuppertal, Zum Bilstein 25
Tel. 0202/61 12 09
(Ö) Mi–So ab 11.30 Uhr
www.landhausbilstein.de

Zur alten Bruderschaft
Beyenburger Furt 25, 42399 Wuppertal
Tel. 0202/317 09 20
(Ö) Mi–Fr ab 17 Uhr, Sa/So ab 11 Uhr

HINWEISE

Die Kirche Beyenburg ist dienstags bis sonntags von 10 bis 17 Uhr geöffnet.

AUSKUNFT

Stadt Wuppertal
Tel. 0212/290-0

WWW.

www.wuppertal.de
www.buergerverein-beyenburg.de
www.bergisches-land.de

WEGVERLAUF

1 – 3	zunächst keine, dann diverse, vgl. Text
3 – 5	weiße Dreiecklinie auf schwarzem Grund
4 – 5 – 6	„A 3"
6 – 7	„A 2"
7 – 2	Andreaskreuz, Raute, Quadrat
2 – 1	„A 2"

Ab 7 Rundgang durch Stadt Beyenburg, vgl. Text

TOUR 2

Pilgerpfad und Heerweg

Auf dem Jakobsweg nach Lennep

Die Straße ist so alt wie die Geschichte: Hier zogen Pilger durch und Handwerker, nach Corvey oder Compostela, römische Soldaten und Remscheider Bandwirker, Sachsen und Franken. Karl der Große zog von Schlebusch über Lennep in den Norden, um in Verden an der Aller seine liebsten Feinde abzuschlachten, die heidnischen Sachsen. So wird es erzählt, so steht es geschrieben auf Latein, falls „decollati" wirklich „decollati" meint, „enthauptet", und nicht stattdessen „delocati", „umgesiedelt", wie freundliche Forscher vermuten. Wohin denn, wenn nicht in die Hölle, sollte Karl sie umgesiedelt haben? Im nahen Hinterhalt entfernterer Verwandtschaft starb im November 1225 Engelbert. So absehbar war seine Route zwischen Soest und seinem Bischofsstuhl zu Köln! Noch im 19. Jahrhundert war die Landstraße nach Schwelm die wichtigste Straße im Bergischen Land. Und die Reichsautobahn, die ihrer Strecke folgte und 1934 schon begonnen war, heißt heute noch A 1! Als dann im 19. Jahrhundert die mittelalterlichen Straßen den Ansprüchen des Industriezeitalters nicht mehr gewachsen waren, begannen die Franzosen hier im Jahre 1813 mit der ersten „Kunststraße" im Lande. Die Allee ist jetzt noch da, ein Band von Bergahorn und Winterlinde, leicht denken wir uns den Asphalt ersetzt durch Kopfsteinpflaster, die Weideflächen auf den Höhen sehen noch so aus wie immer schon. Und die Höfe in den Quellmulden dazwischen tragen alte, heute rätselhafte Namen: Windfoche, Spieckerlinde, Cluse, Wefelpütt und Garnixhäuschen. Hier ist es eine Lust zu wandern, wo immer schon gewandert wurde!

1

Vom Parkplatz oberhalb von Spieckern gehen wir zurück und in den Ort, vorüber an der Feuerwehr („A 1“, „2“, „3“ und „5“, „W“ und Jakobsweg). Mitten im Dorf, zwischen den Häusern 43 und 31, folgen wir dem Pilgerpfad (und „W“) nach links, am Reitstall vorüber, zum Ort hinaus. Gleich am Ortsrand auf der freien Höhe verlassen wir den Fahrweg und wandern zwischen Ackerland und Weidefläche links. Rechts sehen wir die alte Pilgerstraße, fern nur kurz den alten Wasserturm von Lüttringhausen. Entlang an einer Pferdekoppel (nicht füttern!) steigen wir auf einem alten Karrenweg bergauf, dann entlang an einem kleinen Waldstück, folgen rechts dem Schwenk des Waldrands und wandern schließlich auf schmalem Pfad entlang des Zauns im Freien. Wo der Zaun dann links knickt, folgen wir ihm sacht hinab, auf ein zweites Waldstück zu („W“).

Wetterfest lackiert

Der Pfad verläuft halb rechts im Schutz des Walds. Wir queren gleich darauf die kleine Landstraße und wandern gegenüber weiter mit dem Pilgerpfad („In der Hardt“, „W“). So geht es durch den Weiler in der Mulde und am großen Nussbaum weiter mit dem Fußweg, herum um Haus 10, am Strommast mit den beiden Zeichen rechts, hinauf. Vor Haus 62 weisen uns die Zeichen links und zwischen den Häusern 68 und 70 und dichten Hecken geradewegs zum Ort hinaus. Durch ein Drängelgitter geht es in das freie Grünland und hinab nach Frielinghausen in der nächsten Mulde. Unten, vor Haus 64, wandern wir unter einer mächtigen Eiche nach rechts, vorbei am

Kindergarten „Regenbogen". Ihm gegenüber steht am Hang der gelbe Bau der einstigen Bandwirkerei, seit 1940 Turnhalle für die kleine verschieferte Schule gegenüber, die als solche ebenfalls, wie die Fabrik, längst verschwunden ist.

Wir wandern mit den beiden Zeichen an der Feuerwehr vorüber. 100 Meter weiter, wo die Straße wieder ansteigt, trennen sich die Wanderwege. Wir
2
folgen links („Frielinghausen 14 und 16") dem Zeichen des Pilgerpfads, kommen zum Ort hinaus, durch eine flache Siefenkerbe und dann mit einem alten Hohlweg über einen Buckel, durch das schöne Grünland („Böhlefeld"). Nach rund 800 Metern stoßen wir auf einen kleinen Fahrweg mit dem „Röntgenweg" („R") und erreichen rechts die Höhenstraße mit der Hofstatt Lusebusch. Hier pilgert niemand mehr. Hier wird gerast.

Wir kreuzen vorsichtig die „Schwelmer Straße" und wandern an dem Umspannhäuschen mit den Zeichen (Jakobsweg und „R") halb rechts durch die Büsche und am Rand der freien Flur hinunter in die Senke. Unten, nach 400 Metern, stoßen wir recht unvermittelt auf einen asphaltierten Fahrweg („W"), folgen ihm nach links, über den Herbringhauser Bach hinweg, und orientieren uns dahinter neu. Der Jakobspilgerweg verlässt uns gleich bei
3
einer Eisenschranke. Wir gehen rechts mit „R" und „W", bleiben aber nur 100 Meter auf diesem Fahrweg und folgen schon beim Eintritt in den Wald den Zeichen „A 2/4".

Das ist ein malerisches Stück im Wald, gut markiert durch Farn und Birken, über Stock und Stein, bis wir auf einen splittgestreuten Weg im Talgrund gelangen, der uns rechts über einen zweiten Arm des Quellbachs bringt. Bei der nächsten Gabelung halten wir uns rechts und wandern nun am eingezäunten Wasserschutzgebiet entlang („A 1", „2", „4" und „W").

Unterwegs

So erreichen wir das Vorstaubecken der Herbringhauser Talsperre von 1898/1902 und finden an der Landstraße rechts eine Hinweistafel mit allen Zahlen für Interessierte. 1,30 Meter bergischen Jahresniederschlags werden hier zu Trinkwasser gestaut, 2,8 Millionen Liter, wenn es hoch kommt! Wir kreuzen vorsichtig die Straße und wandern gegenüber dann im Schutz der Leitplanke auf schmalem Pfad nach links.

Frisches Heu

Nach 150 Metern folgen wir den Zeichen rechts und wandern nun für rund zwei Kilometer am Zaun entlang: zunächst auf einem schönen Wiesenweg, nach einer Koppel in den Wald, bei einer Bank mit einem lakonischen Pfeil zuletzt auf einem Querweg rechts. Wenig später, abermals bei einer Bank, verlässt uns der Wuppertaler Rundweg („W") nach links. Wir gehen rechts mit „A 4" und „A 5" und kommen, beiderseits nun eingezäunt, geradewegs über die Mauer, mehr als 200 Meter weit. Rechts das Wasser, links das 33 Meter tiefe, grüne Tal. Die Wege („A 4/5") führten uns dann rechts, hinauf und schnell zurück (vgl. Karte). Wir aber nehmen hier den Weg „A 3" halb links und folgen weiterhin dem Herbringhauser Bach, der in den gründerzeitlichen Filtrierhäusern mit fast barocken Dachlaternen zum Trinken aufbereitet wird. 4

Bei einer Gabelung am Ende der Leitplanke halten wir uns links, weiter mit „A 3" und bachwärts, bis wir die letzten Einrichtungen zur Wasseraufbereitung hinter uns gelassen haben. Wir kommen ins Naturschutzgebiet und über das Kerbtal eines Zulaufs hinweg. Dann verlassen wir den breiten Weg und folgen bei der Kreuzung mit dem gut markierten Reitweg (Hufeisensymbol) dem schmalen Steig „A 3/5" nach rechts und in der Böschung aufwärts. Anfangs ist die Kerbe weniger ein Waldweg als ein Bachbett, wenn auch trocken. Erst wo es flacher wird, wird auch

der Weg bequem, und wir kommen oben um die Quellmulde eines Siefens herum, nach links auf einen kleinen Fahrweg durch die Felder und rechts bei Windfoche an die Allee heran.

Wir gehen rechts, queren 20 Meter weiter, bei Haus 57, vorsichtig die Straße und wandern halb rechts, in die freie Flur. Vor dem Grünland geht es rechts, am Gittermast vorüber und darauf am Wegedreieck rechts. Im Weiler Niedersondern wandern wir mit den beiden Zeichen links, vorbei an der letzten Hofstatt und auf einem schönen Wiesenweg hinab ins Kerbtal des Hengstener Bachs. Sein Wasser wird erst in der Wupper auf den Überfluss des Herbringhauser Bachs treffen. Dann steigen wir im Schatten des Walds hinauf, gleich über einen Wasserfaden, zwischen Weidezäunen weiter. Erst auf der Kuppe geht es durch ein kleines Waldstück, und bei einem Absperrpfosten stoßen wir auf einen schmalen Fahrweg, der uns kurz darauf an eine Kreuzung der Wirtschaftswege bringt. Hier wandern wir rechts („A 1", „2" und „3"), durch Weideland, an Walbrecken vorüber mit einer Heimstatt des CVJM, zurück nach Spieckern und dort
1 links zur Feuerwehr, zum Ausgangspunkt am Pilgerpfad.

INFORMATION

CHARAKTER
Bergisches Kernland: alte Wirtschaftswege (heute vielfach asphaltiert), Kirchpfade, Karrenwege, auch etliche herrliche Steige im Wald, weitgehend durch die freie Flur; bergische Sozialgeschichte zum Begreifen

ANFAHRT
Anreise mit ÖPNV bietet sich nicht an.

Mit dem Auto A 1 bis AS Remscheid-Lennep, rechts ab nach Lennep auf der „Ringstraße", dann „Deutsche Alleenstraße" (L 411) Richtung Schwelm bis Trompete, Spieckern, rechts 1 km, Wanderparkplatz oberhalb des Weilers Spieckern

NAVI-EINGABE
N 51.226043, E 7.292885

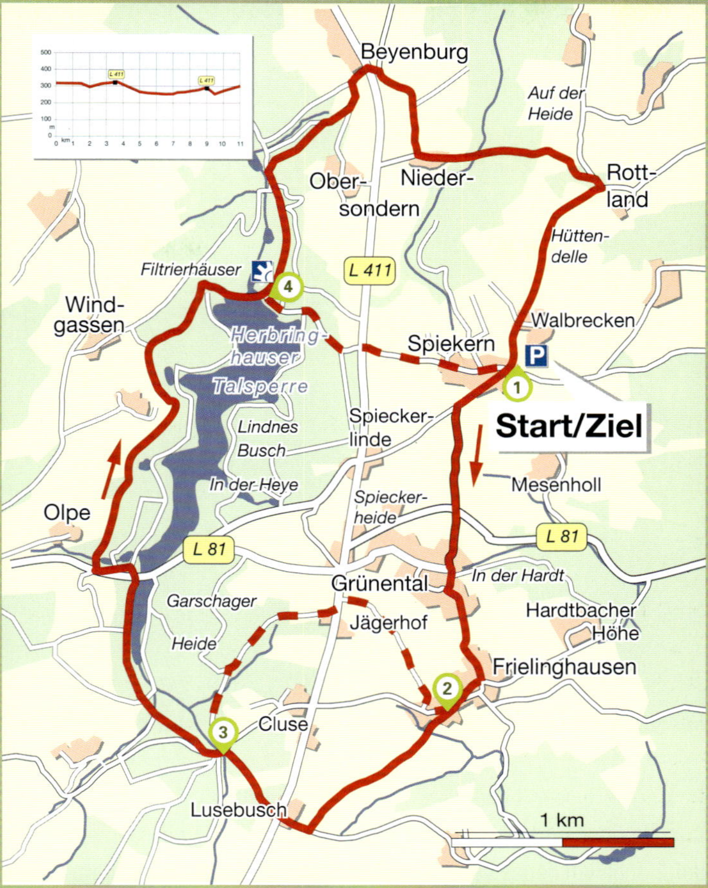

DAUER / LÄNGE
4 Stunden / 11km

VARIANTE
Abkürzung vgl. Karte

WANDERKARTE
Das Bergische (Hg.): Wanderkarte Bergisches Land, Maßstab 1:25.000 (= Karte 1: Norden/Osten) 2015

GASTHÄUSER
Keine, ausweichen auf Wuppertal-Beyenburg oder Remscheid-Lennep

AUSKUNFT
Bergisches Land Tourismus
Tel. 0212/88 16 06 65

WWW.
www.bergisches-land.de
www.alleenstrasse.com

WEGVERLAUF

1 – 2 „W“, Jakobspilgerweg

2 – 3 südwärts Jakobspilgerweg

2 – 3 nordwärts „W“

3 – 4 u. a. „A 4“

4 – 1 „A 3“ oder Abkürzung „A 4/5“

TOUR 3

Hämmer gibt es hier nicht mehr

Durch das Gelpetal

Der Bergische Löwe verstand sich von selbst, als die Orte an der Wupper zusammenrücken wollten zu einer einzigen Gemeinde und dafür auch ein neues Wappen suchten. Mit dem Löwen von Berg hatten sich bereits die Ur-Gemeinden geschmückt, jetzt kam von Elberfeld das Rost hinzu, auf dem der heilige Laurentius zum Märtyrer geröstet worden war, und Barmen brachte zwei Bündel Garn mit in die Städte-Ehe, die am 30. Juli 1929 geschlossen wurde und seit dem 25. Januar 1930 geführt wird unter dem neuen Namen „Wuppertal". Insgesamt ein recht beziehungsreiches Bild: das Garn zum Spinnen, Weben, Wirken, Bleichen, Färben als Sockel für den alten Überbau aus Tradition und sektenreicher Frömmigkeit im Wuppertal.

Reich war man im Wuppertal vor Zeiten nur an Wasser, wie es aus der Erde und vom Himmel kam, aber hier verstand man es, mit diesem einen Pfund geschickt zu wuchern. In den kleinen Tälern im Süden trieb das Wasser die Maschinen der Bandwirker in Ronsdorf und der Eisenindustrie in Cronenberg, das nicht von ungefähr in seinem Wappen eine Sense führt. Was im Bergischen geschmiedet und geschliffen wurde, schon um 1750 vierhundert verschiedene Artikel von dreißig unterscheidbaren Herstellergruppen, erwarb sich Anerkennung in der ganzen Welt. Und wie einst mit den Sensen und Sicheln sind auch heute noch die Menschen hier damit beschäftigt, Hacken, Schippen, Spaten, Äxte, Beile, Hämmer, Zangen, Hobel, Bohrer, Meißel, Messer, Sägen, Zimmermannswinkel und Heckenscheren herzustellen. Und jede Hausfrau kennt, und wäre es von ihrer Mutter her, den Fleischwolf aus dem Alexanderwerk in Remscheid.

Die Wasserkraft ist dabei lange schon nicht mehr vonnöten, mit der Einführung der Dampfmaschinen wanderten zunächst die größeren Betriebe vom Wasser wieder hügelan zu den Straßen, über die das Werkzeug nach Paris und Petersburg geschafft werden konnte; im Gelpetal blieben nur die kleinen Kotten und Hämmer erhalten, fünf von einstmals zweiundzwanzig gab es auch noch nach dem letzten Krieg. Seit 1973 steht nun aber auch der letzte Hammer still, jetzt haben die Erholungssuchenden das Gelpetal für sich alleine, knapp 4,5 Kilometer Naturschönheit und Wasserkraft aus der Vereinigung von Dorner Bach und Huckenbach und einem Gefälle von 100 Metern oder 2,27 Prozent.

Die erste Wanderung vor vielen Jahren begann mit einer glücklichen Bekanntschaft: Wir trafen hier Franz Bertram, der vierzig von seinen damals fünfundachtzig Jahren im Gelpetal Schulmeister gewesen war. Er ging mit uns ein Stück den Weg hinauf, und wenn er stehen blieb am Berg, dann nicht, um Luft zu holen, sondern um Geschichten zu erzählen. Er hatte noch die Zeit der Knieschleifer und Feilenhauer miterlebt. Die Schläge vom Steffenshammer hat er durch den Felsboden und durch das Fundament hindurch im Bett verspürt, und in daktylischen Versen machte er sich seinen Reim dazu: „Sing Pöste ut leken / sing Aahsse ien Buom / ech hühr em noch klipstern on klapstern em Druom." (Seine Pfosten aus Eiche, seine

Hier links ab

Achse ein Baum, ich hör' ihn noch klippern und klappern im Traum.) Später schickte er uns eine handschriftliche Blütenlese seiner Verse, von Hand mit Blüten koloriert, „Derr Steffeshaamer", ganz zum Schluss von Hand signiert: „Beertrams Franz – en aulen Schuolmiester ut demm Gelpedahl". Das kleine Büchlein hat ihn überlebt. Was damals schon die Tafeln längs des Wegs an Auskünften zu bieten hatten, das krönte er mit der Erfahrung

aus dem Augenschein: Er erzählte von der Arbeit in den Kotten, wo das Spritzwasser die Wände im Winter mit Eis überzog, wo die Arbeiter nur auf geschüttetem Erbsenstroh schliefen und statt eines Ofens nur ihren Doppelkorn hatten; von der Nachbarin, die achtundzwanzig Jahre lang ihrem rheumatischen Mann die Eisen aus dem Herd herüberreichen musste, und die, wenn dann der Schwanzhammer das Eisen breitete, nebenher noch stricken musste gegen Geld; und von den Kindern im Gelpetal, die über ihrer harten Arbeit anspruchslos gehalten wurden. Um 1870 begann hier die Arbeit um sechs in der Früh', um zwölf Uhr gab es Mittag, und der Feierabend hatte seinen Namen noch verdient: Er kam um zwanzig Uhr.

1 Am kleinen Parkplatz „Clemenshammer", dort wo die Gelpe mit durchschnittlich 280 Litern pro Sekunde in den Morsbach fließt, entdecken wir die Hinweistafeln, studieren Aufbau, Lageplan und Inneneinrichtung eines Hammers oder Kottens und wandern schließlich los. „Historisch", wie das alte Schild am Talausgang betont, ist das Gelpetal gewiss. Gelbe Hinweise mit einem oberschlächtigen Wasserrad als Symbol verweisen auf die einstige Betriebsamkeit des schönen Tals. Das Ziegelhaus zur Rech-

ten, ringsum zugehängt von Grün und an der Giebelwand mit alten Transmissionsrädern und hölzernen Pliestscheiben verziert, war eine Schmiede wie der kleine Fachwerkbau schräg gegenüber, in dem die Werkstücke des Steffenshammers nebenan weiterverarbeitet wurden. Der „Steffenshammer", benannt nach seinen Besitzern seit 1825, wurde 1746 an alter Stätte neu gebaut und bis in die Mitte des vergangenen Jahrhunderts von Jakob Steffens gewerblich genutzt.

Gleich hinter dem rot-weißen Drängelgitter kommen wir in den Wald und steigen sofort auf dem felsigen Rücken zur Rechten auf. Der Weg ist an der ersten großen Eiche als „A 2" markiert. Weiter oben folgen Birken. Wo das steilste Stück geschafft ist, steht für die erste Pause eine Bank. Wir kreuzen bald darauf den Querweg mit „A 3" und wandern weiter geradeaus auf schmalem Pfad, vorbei an Birken, Farn und Heidekraut. Bei 258,30 Höhenmetern schwenkt der Weg bei einer hölzernen Barriere und wieder einer Bank bei einer großen Buche rechts und führt uns zwischen Weidezäunen sacht hinab, vorbei an Buchen, Weißdorn, Haselnuss. Rechts öffnet sich der Blick auf Remscheid, die „Seestadt auf dem Berg", wie sie wegen ihrer alten überseeischen Verbindungen noch immer heißt.

Hinter einer flachen Mulde steigt der Weg noch einmal an und bringt uns in das Dörfchen Westen. Wir folgen dem „A 2" durch den Ort, der noch vereinzelt schöne Fachwerkhäuser hat. Dann geht es weiter geradeaus, zum Ort hinaus, und mit dem „Röntgenweg" nur wenig später links hinab („R", auch „A 2"), 200 Meter weit bis Heusiepen. Hier folgen wir dem „Röntgenweg" im Knick nach rechts und kommen dann im Bogen links mit dem Fahrweg „Heusiepen" über das Kerbtal des Siefenlaufs hinweg, bis wir den Fahrweg erreichen, der rechts „A 2" und „Schmittenberg" heißt. Hier zogen schon die alten Kohletreiber lang, die ihre Holzkohle, seit 1750 dann bevorzugt Steinkohle, auf Pferderücken zu den Hämmern transportierten. Wir gehen rechts („Schmittenberg"), und dann durch einen Schwenk nach links und geradeaus mit dem „A 2".

So kommen wir nach Heidt, das schon zu Wuppertal gehört, ein Höhendorf mit schö-

Frisch renoviert

nen Fachwerkhäusern. Ein Schild weist auf die „Dörpfeldstraße" hin. In
2 der Dorfmitte bei dem altersschiefen Fachwerkhaus Heidt 1 verlassen wir den Weg „A 2" und folgen im spitzen Winkel links nun dem Privatweg, der als Wanderweg der Rundweg um Wuppertal ist („W" im Kreis). Es geht am Spielplatz vorüber, aufwärts durch den Ort, am Ortsrand kommen wir neben Haus 20 geradeaus durch einen schönen Schattengang aus schlanken Hainbuchen. Oben geht es zwischen Koppelzäunen über die Höhe hinweg und geradewegs durch die freie Flur („W"). Links hinter uns liegt wieder Remscheid auf der Höhe, weit dahinter sehen wir die Sendemasten von Witzhelden.

Auf dem schmalen gestreuten Pfad geht es im Weideland sacht bergab, dem Wald entgegen. Gleich jenseits des Waldrands gabelt sich der Weg. Wir folgen weiter rechts dem „W" mit mäßigem Gefälle durch den Wald bis an die Staumauer der Ronsdorfer Talsperre.

Als die 21 Meter hohe Mauer 1898/99 hier gezogen wurde, war den Kottenbesitzern am Saalbach buchstäblich das Wasser abgegraben. Die aber hatten schon ein halbes Jahrhundert zuvor von Wassertriebwerken auf Dampfmaschinen umgestellt. Wasser brauchte man jetzt für die wachsende Bevölkerung, und so kam um 1913 sogar der Plan zu einer Talsperre im benachbarten Gelpetal auf. Er fiel, wie anderes, dem Krieg zum Opfer. Bis in die 1950er-Jahre diente die Ronsdorfer Talsperre als Trinkwasserreservoir. Als sie in die Jahre kam, wurde die Stauhöhe auf 9,64 Meter halbiert. Dichter wurde sie darüber nicht, so wurde ihre Stauhöhe 1994 auf 6 Meter begrenzt. Erst jetzt, im 21. Jahrhundert, erlebt der Wuppertaler Stausee nach einer Renovierung seine Renaissance: mit einer neuen wasserdichten Schicht und einer Betriebsstauhöhe von 11 Metern. Wir
2 spazieren über die 160 Meter lange Mauer auf die andere Seite mit Auskunftstafeln und folgen dann dem schönen Weg „A 3" (und „W") nach links.

Der kleine Saalbach, dessen letzten 1,5 Kilometern wir nun folgen, war der einzige Zufluss der Gelpe, der mit seinen 4,6 Prozent (115 Meter bei einer Gesamtlänge von 2,5 Kilometern) einmal Wasserräder trieb. Der erste war der „Mannes- oder Wiebelshammer" aus dem frühen 17. Jahrhundert, dort wo der Heusieper Bach in den Saalbach mündet und wenig später auch der „Röntgenweg" (und „A 3") das Bachtal quert. Noch vor weniger als 100 Jahren stand hier eine richtiggehende Fabrik mit einem 30 Meter hohen Schornstein. Jetzt finden wir nur Mauerspuren in der Böschung.

Der nächste war der „Roode- oder Jöckerskotten", ein Schleifkotten, der 1924 abgerissen wurde. Am Stauteich dann erreichen wir die Stätte einer alten Eisenhütte, die um 1600 hier bestanden hat, um das Erz aus einer Pinge gegenüber in Eisen zu verwandeln. Zuletzt der „Hordenbach" – oder ebenfalls „Jöckershammer", ein Reckhammer mit gleich drei Wasserrädern, der bis 1922 hier bestand.

Die Minigolfanlage, die wir dann erreichen, markiert den Übergang vom Industriezeitalter zu den frühen Vorboten der Spaßgesellschaft. Hatten

Am Weg

sich einst bei durchschnittlich vier Wassertriebwerken pro Bachkilometer die Anrainer der Gelpe regelmäßig vor dem Elberfelder Landgericht in den Haaren gelegen wegen irgendwelcher Wasserstreitereien, so machten sie nun bald als Wirtsleute einander Konkurrenz. Ernst Jöker beispielsweise, dessen Namen als Wirt wir heute noch über der Tür von „Haus Zillertal" lesen, war mit seinem Bruder Otto der letzte Betreiber des „Jöckershammers". Ein wenig nur flussaufwärts gab es dazumal das Ausflugsrestaurant „Bergisch Nizza", unterhalb, im alten „Reinshagenshammer" die Gaststätte „Waldkater" und in Clemenshammer einen Kahnweiher im alten Ausgleichbecken mit einer Wasserrutschbahn als Sensation des Jahres 1903. Seit 1891 ratterte die Dampfkleinbahn von Ronsdorf bis nach Müngsten durch das Morsbachtal und brachte die Erholungssuchenden ins Gelpetal.

Am Parkplatz und der Zufahrtsstraße vorüber und über die Gelpe hinweg, erreichen wir „Haus Zillertal“ mit großem Biergarten und folgen dann dem asphaltierten Fahrweg und den Wegen „R“, „W“, „N“ und „A 2“ das Gelpetal entlang, vorbei am Ponyreitplatz für die Kleinen. Wo einst der „Westerhammer“ oder „Unterer Wolfertshammer“ stand, der heute noch zu sehen ist, wenn auch nicht hier, sondern am Bensberger Heimatmuseum, überqueren wir den Bach und folgen ihm hoch in der Böschung mit grün gestrichenem Geländer. Wir passieren noch den Nachbau eines Pegels, sehen Karpfen, die im Stauteich am ehemaligen „Reinshagenhammer“ durch das Spiegelbild der grünen Kronen schwimmen, und ehe wir erneut nach Clemenshammer kommen, steigen wir am alten „Neuenkotten“ an den Bach hinab, weil hier die Spuren gut zu lesen sind. Erst 1967 wurde das Gebäude abgerissen. Das Gelpetal wurde, was es heute ist und wie
1 es heute heißt: historisch.

Gelper Wasserspiele

INFORMATION

CHARAKTER

Leichter Rundweg mit vielen historischen Reminiszenzen der frühen Bergischen Industriegeschichte

ANFAHRT

Von Köln Hbf. mit RB 24669 bis Solingen Hbf., dort mit S7 bis Remscheid Hbf., *www.bahn.de*, dann mit Bus 660 bis Remscheid Clarenbach, *www.vrr.de*
Mit dem Auto A 1 bis AS Remscheid, über Remscheid-Mitte durch Ortsteil Hasten bis „Morsbachtalstraße“, dort rechts bis zum Ausgangspunkt, wenige Parkgelegenheiten am Eingang ins Tal und gegenüber

NAVI-EINGABE

N 51.202305, E 7.166481

DAUER / LÄNGE

2 Stunden / 7 km

WANDERKARTE

Geo Center Touristik Medienservice GmbH (Hg.): Solingen, Remscheid, Hilden, Burscheid, Wermelskirchen (= NRW. Wanderkarte 1:25.000 Nr. 48) 2014

GASTHÄUSER

Haus Zillertal
Zillertal 1, 42349 Wuppertal
Tel. 0202/40 28 29
(Ö): Mo–Mi/Fr ab 14 Uhr,
Sa ab 12 Uhr, So ab 10.30 Uhr
www.haus-zillertal.de

AUSKUNFT

Stadt Remscheid
Tel. 02191/16-00

WWW.

www.remscheid.de
www.wupperverband.de
www.hub-ronsdorf.de
www.bergnetz.net

WEGVERLAUF

1 – 2 „A 2"

2 – 3 „W" im Kreis

3 – 1 „A 2" und „W" im Kreis

TOUR 4

Das Wunder im Bergischen

Zur Müngstener Brücke

Dreimal in der Stunde fährt der „Der Müngstener" über die Wupper, seit 2013 als S-Bahn S7. Damit ist ein „Bergisches Wunder" in seinem Überleben garantiert, jedenfalls für fünfzehn Jahre: die Müngstener Brücke, Deutschlands höchste Eisenbahnbrücke, eines der größten technischen Wunder des 19. Jahrhunderts, eine Parabel, ganz aus geschmiedetem Eisen, mit 170 Meter Bogenöffnung. In 107 Metern Höhe führt die schmale Gleisanlage 500 Meter lang über die Wupper. Würde man den Kölner Dom danebenstellen, so müssten die Besucher des Südturms den Kopf in den Nacken legen, um die Bahn rund 10 Meter über sich vorbeifahren zu sehen: ein wahrhaft schwindelerregendes Spektakel. 100 Meter tiefer als die Gleise erinnert eine Gedenktafel daran, welche Geheimen Bauräte von 1894 bis 1897 dieses spektakuläre Bauwerk für die Eisenbahndirektion von Elberfeld entworfen haben. Nicht weit davon entfernt die nächste Tafel: „Zur Erinnerung an den Besuch Sr. Majestät des Kaisers Wilhelm II. am 12. August 1899". Bis 1919 hieß der hohe Bogen noch auf 30 Meter langen Tafeln „Kaiser-Wilhelm-Brücke". Doch der Besuch von 1899 war hier nicht gemeint, vielmehr der erste Kaiser Wilhelm, an dessen 100. Geburtstag Richtfest gefeiert worden war – ohne Willem

zwo, der anderen Verpflichtungen den Vorrang hatte geben müssen oder wollen. Als er später ins Exil ging, wurde auch die Brücke republikanisch. Baulich war sie ohnehin schon der Vertreter einer neuen Zeit: Von nun an bauten nicht mehr nur die Architekten, sondern auch die Ingenieure. Aus diesem Grund, und weil die Ähnlichkeit so offensichtlich ist, wird die Brücke zwischen Solingen und Remscheid immer wieder mit dem Eiffelturm verglichen. Doch der Eiffelturm war anfangs nur ein Denkmal seiner selbst, heute trägt er immerhin Antennen; die Brücke von Müngsten, ein Wunderwerk wie aus dem Metallbaukasten eines bergischen Riesen, tat von ihrem Anbeginn an zuverlässig Dienst und verkürzt die vordem 44 Kilometer zwischen Solingen und Remscheid Hbf. auf etwa 8. Anders ausgedrückt: auf fahrplanmäßig 9 Minuten. Dafür wird der Eiffelturm noch immer alle sieben Jahre frisch gestrichen, während man von der Müngstener Brücke inzwischen errechnet hat, dass ein Neuanstrich ihrer 75.000 Quadratmeter Eisenoberfläche längst teurer würde als damals der gesamte Bau, der sich einst auf 2.646.386 Mark und 25 Pfennige belief!
Auch der alte Bahnhof ist nicht mehr der Bahnhof, sondern eine Gaststätte, ein Ziel nicht nur für Eisenbahnfanatiker, sondern auch für Wanderer. Für uns der Startpunkt und das Ziel bei einer Runde wupperab und wupperauf und auf diese Weise zweimal an die Brücke. Vor dem Bahnhof ausgestellt sind ein paar Überreste eines Unfalls auf der Brücke, bei dem zum Glück kein Mensch zu Schaden kam. Das war 1999 und der 11. September war noch kein bemerkenswertes Datum. Ob der Souvenir-Schrott hasenherzigen Besuchern die Überfahrt nun leichter macht, sei allerdings dahingestellt.

Modell im Brückenpark

1 Vom Bahnhof folgen wir dem „Klingenpfad" („S") in Richtung auf das Tal der Wupper, verlassen wenig später mit dem Hinweis „Fußweg nach Müngsten" und dem Wanderzeichen den asphaltierten Weg und wandern weiter auf dem schmalen, splittgestreuten Fußweg, vom Gleiskörper durch eine Weißdornhecke getrennt. Bald verlassen wir die Höhe der Bahnlinie und steigen im hohen Buchenwald bergab. Wo der Weg sich wenig später
2 breit gabelt, geht es geradeaus nach Müngsten, während wir mit dem „Bergischen Weg" (und „S") das Brückenbauwerk unterqueren und gleich darauf bei einer zweiten Gabelung leicht steigend, also rechts, dem Pfad mit beiden Zeichen weiter folgen, flussabwärts hoch über der Wupper.

Es geht vorbei an einem Weg mit weißem Balken und weiter durch die Kehren in der Böschung, in der, nur wenig unter uns, ein breiter Weg verläuft. So überqueren wir den Dorperhofer Siepen und bald darauf den Dorperhofer Bach, zwischendurch vorbei an einer Bank auf einer Felsenkanzel. Bei der nächsten Bank erreichen wir den Gedenkstein des „Klingenpfads", auf einem alten Schleifstein aufgebracht im unverwechselbaren Stil der 1930er-Jahre: Ein Mädel und ein Jungmann mit Scheitel und Klampfe wandern vor dem Kölner Dom und erinnern daran, dass in den Jahren 1933 bis 1935 „Wohlfahrtsunterstützte" die Solinger Umrundung eingerichtet haben, damals 60 Kilometer lang. Inzwischen ist der „Klingenpfad" gewachsen auf 75 Kilometer, und sein „S" schreibt man schon längst nicht mehr als Rune wie noch auf dem Stein.

Nicht weit danach erreichen wir den alten, 1984 wiederhergestellten Aussichtspavillon mit Brückenblick, auf allen Seiten eingerahmt von Grün. Der „Klingenpfad" kreuzt dann den Buschpötter Bach; und wo von rechts der Weg mit umgekehrtem „T"

Haus Müngsten mit Brücke

hinzustößt, gehen wir halb links und sacht bergab, nun durch eine Felspartie. Wo wir sodann den breiten Weg erreichen, folgen wir den beiden Wegen rechts. Wir überqueren den Windhagener Bach, bis sich hinter einem zweiten Wasser der „Bergische Weg" nach rechts verabschiedet. 3

Wupperaufwärts

Im Grund des Tals stoßen wir auf Weg „N" und folgen ihm mit „Klingenpfad" und Raute, ein letztes Mal auf einem Steig durch Felsen am Prallhang der Wupper, bis wir zum Wiesenkottener Bach kommen, und sogleich zum Wiesenkotten, einem alten Fachwerkhaus mit Biergarten im Tal, von Unterburg, nur wenig weiter wupperabwärts, spielend zu erreichen, und deshalb immer gut besucht mit Kind und Kegel, Ross und Reiter, Frauchen und Hund. 4

Nur der Name erinnert daran, dass hier statt Dienstleistung Gewerbefleiß geboten wurde: Der Wiesenkotten war als Doppelkotten ein Schleifbetrieb des 18. Jahrhunderts, nach einem Brand im Herbst des Jahres 1847 wiederaufgebaut und seither wohl, zumindest nebenbei, als Gaststätte genutzt. Auch eine Fähre gab es hier.

Hier liegt der Wendepunkt für diese Tour. Auf der Gitterkastenbrücke von 1893 überqueren wir die Wupper und kommen wie die Eisenbahn hoch oben, wenn auch weit weniger spektakulär, von Solingen nach Remscheid. Der „Klingenpfad" schwenkt rechts und bleibt in Solingen, wir gehen links und folgen anfangs dem „A 2", doch gleich darauf dem unmarkierten Weg, der für Kilometer dem Fließenden entgegengeht, ein Stück weit auch der Brücke. Nach einem Dreiviertelkilometer stößt von rechts ein Weg hinzu, der dem Lauf des Schildsiepens gefolgt ist. Wir wandern 4 5

weiter wupperaufwärts. Die Buchen am Ufer beugen sich weit über das strudelnde Wasser. Nach 400 Metern, als wir zur Linken eine Insel neben uns haben, die dicht mit Eschen und Pappeln bestanden ist, gabelt sich
6 der Weg: Links führt der Weg zur Schwebefähre.

Die Schwebefähre über die Wupper ist die weltweit einzige Draisine, die auf Seilen statt auf Schienen läuft. Mit Muskelkraft betrieben, läuft sie über Stahlseile, die mit vier Tonnen Zug gespannt sind – und dennoch sanft durchhängen: Bei Regen wird die „Bergfahrt" mühsam, bei Glatteis geht nichts mehr.

7 Wir bleiben auf unserem festen Weg und steigen in der Böschung auf, der Brücke entgegen. Dann folgen wir dem Querweg an der T-Einmündung nach links und wandern hier nun auf dem „Röntgenweg", dessen „R" auch ein Hinweis auf Reimscheid ist, das der Weg umrundet. So geht es unter den hohen Eisengittern der Brücke hindurch.

Wir sehen etliche der 950.000 Nieten, die den filigranen Bau von insgesamt 4.934 Tonnen Gewicht zusammenhalten, leider nicht den letzten Niet des Baus von 22. März 1897, der aus schierem Gold gewesen sein soll. Vermutlich ist das ebenso Legende wie das Gerücht, die Brückenbögen, die von beiden Ufern wuchsen, hätten zuletzt nicht zusammengepasst und der Baumeister habe sich darauf zu Tode gestürzt: in die Wupper. Es ist die nämliche Geschichte wie beim Bau des Kölner Doms durch Meister Gerhard: Der Glaube an die Hybris eines solchen Unternehmens, die Überzeugung, dass ein solcher unerhörter Bau wie einst der Dom und nun die Brücke gottversuchend und vermessen sei. Doch wer hätte dann die beiden Teile, die nicht passen wollten, richten sollen. Die Brücke war korrekt bemessen, es ging von Anfang an mit rechten Dingen zu, mit rechten Winkeln auch, und seit dem 3. Juli 1897 turnen die Züge, wenn auch längst nicht

mehr bekränzt wie bei der Probefahrt, weitgehend unfallfrei über das hohe eiserne Gebälk.
Einen halben Kilometer hinter der Brücke, wo unser Weg nach rechts schwenkt, finden wir zur Böschung hin Stufen und grünes Geländer und erreichen so das neugotische Siebeneck des „Diederichs-Tempels", der eigentlich kein Tempel, sondern ein hübscher Aussichtspavillon auf einer Felsenkanzel ist. Die Aussicht ist auch hier: die Brücke. Und nur deshalb hat der Remscheider Direktor a. D. August, na wie wohl, Diederichs 1902 das Tempelchen hier bauen lassen. Und weil es so schön ist und doppelt genäht immer schon besser gehalten hat, gleich ein zweites gegenüber Burg.
Nach dem Besuch verfolgen wir den Pfad, der unterhalb des breiten Wegs verläuft, mit ihm den Taleinschnitt des Reinshagener Bachs umfährt und
erst in einem neuerlichen Rechtsschwenk wieder auf den breiten Fußweg 8
stößt. Hier verlassen wir nun auch den „Röntgenweg", der weiter auf der
Höhe bleibt und sich so von der Wupper entfernt, und folgen einem gleich- 9
falls breiten Weg, der links abzweigt, hinab und mit dem Zeichen des „Bergischen Wegs" hinter einer Eisenschranke an die Talstraße (B 229) heran. Hier geht es ein paar Meter links, dann erreichen wir unter Eschen das Pflaster der alten Wupperbrücke von 1847/48, die bis 1963 in Betrieb war und uns Wanderern noch heute über den Fluss hilft. Gleich jenseits der Zufahrtsstraße nach Müngsten steigen wir in der steilen, bewaldeten Böschung mit dem „Bergischen Weg" wieder auf.

Schwebt: Wupperfähre

Wo er, noch im Steilstück, in der letzten Serpentine links ein wenig abfällt, 10
behalten wir die Richtung und die Steigung bei mit einem unmakierten
Wegstück und erreichen neben Haus 138 wieder den „Klingenpfad" („S"). 11
So kommen wir links hinauf nach Schaberg. Haus 128 auf der linken Seite

1 sieht schon wie ein Bahnhof aus, ist es aber nicht. Vor der Kerbe mit den Gleisen verlassen wir die „Schaberger Straße" und kommen über die Straße „Schaberg" links zurück. Neben uns verläuft die Eisenbahn, hier oben in die Kuppe eingekerbt, damit die Brücke nicht noch höher werden musste. So kamen, neben allem anderen, auch 1.400 Kilo Dynamit auf die Rechnung der Brückenbauer.

Brücke von fern

INFORMATION

CHARAKTER
Ein wenig Auf und Ab, waldreicher Rundweg um den Brückenpark an der Müngstener Brücke

ANFAHRT
Von Köln Hbf. mit RB 24669 bis Solingen Hbf., dann mit S7 bis Solingen-Schaber, *www. bahn.de*
Mit dem Auto A 1 bis AS Wermelskirchen/Burg, über Burg a. d. Wupper, Unterburg Richtung Solingen bis große Kreuzung, rechts „Schaberger Straße" bis zum Start

NAVI-EINGABE
N 51.162996, E 7.128565

DAUER / LÄNGE
3 Stunden / 7 km

WANDERKARTE
Geo Center Touristik Medienservice GmbH (Hg.): Solingen, Remscheid, Hilden, Burscheid, Wermelskirchen (= NRW. Wanderkarte 1:25.000 Nr. 48) 2014

VARIANTE
Der Abstecher zur Schwebefähre ermöglicht eine Abkürzung: Über die Wupper, aufwärts bis Haus Müngsten, dann links hinauf, zurück zum Bhf. Schaberg (850 m).

GASTHÄUSER
An Start und Ziel:
Gaststätte Schaberger Bahnhof Schabergerstraße 6, 42659 Solingen
Tel. 0212/235 48 62
(Ö) Mi–So 17–0 Uhr

Waldschänke Wiesenkotten
Wiesenkotten 1, 42659 Solingen
Tel. 0212/432 34
(Ö) März–Okt. Di–Fr ab 12 Uhr, Sa/So ab 11 Uhr, Nov.–Feb. Sa/So ab 11 Uhr
www.wiesenkotten.de

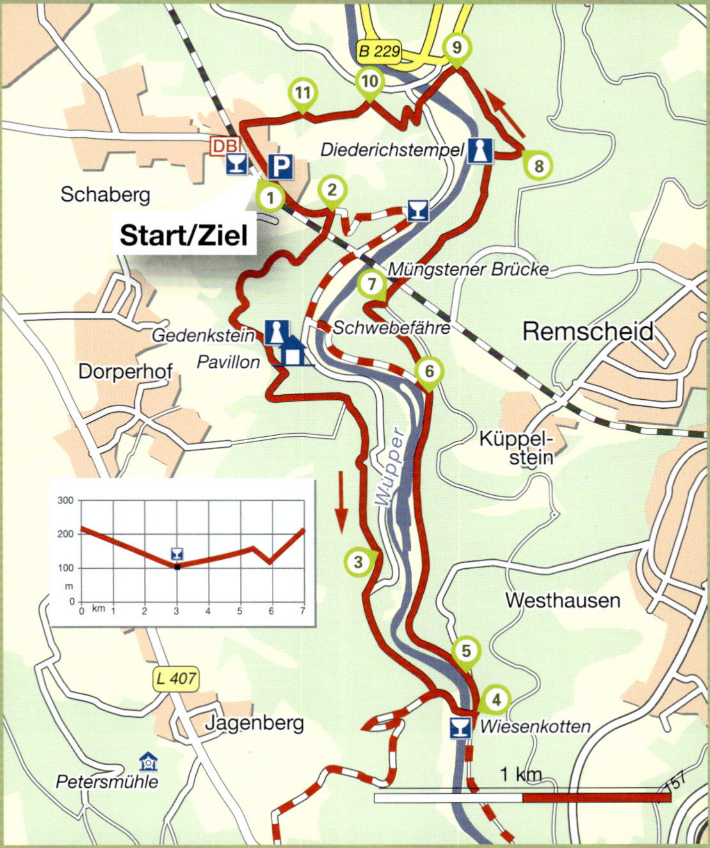

Haus Müngsten
Müngstener Brückenweg 71
42659 Solingen
Tel. 0212/23 39 32 22
www.haus-muengsten.de

AUSKUNFT

Stadt Solingen
Tel. 0212/290-0

Stadt Remscheid
Tel. 02191/16-00

WWW.

www2.solingen.de
www.tetti.de/SOLINGEN/WIESEN-KOTTEN/index.html
www.tetti.de/SOLINGEN/BRUECKE/ronsdorfmuengstener.html
www.bergisches-staedtedreieck.de
www.remscheid.de
www.brueckenpark-muengsten.de

WEGVERLAUF

1 – 2	„Klingenpfad" („S")
2 – 3	„Bergischer Weg" und „Klingenpfad" („S")
3 – 4	„Klingenpfad" („S")
4 – 5	„A 2"
5 – 7	keine
7 – 8	„R"
8 – 9	keine
9 – 10	„Bergischer Weg"
10 – 11	keine
11 – 1	„Klingenpfad" („S")
6 – 2	Abkürzung über Schwebefähre und Haus Müngsten

TOUR 5

Wo die Türme Trauer tragen

Nach Burg an der Wupper

Bronze ist geduldig und mehr als 700 Jahre sind eine lange Zeit: 1225, am 7. November, war Engelbert II., Graf von Berg und einer der mächtigsten Männer des Reiches, bei Gevelsberg in einem Hinterhalt erschlagen worden. „Sein Leichnam bot einen erbarmungswürdigen Anblick", schrieb sein Biograf Cäsarius von Heisterbach, „sein Schädel war zertrümmert, und 47 Dolchstiche durchbohrten seinen Körper". Mag sein, dass einige davon auch fromm erfunden waren, um aus einem Totschlag Mord und aus dem Toten einen Märtyrer zu machen. Die Schädelwunden aber sind belegt: Noch 1978 untersuchten Gerichtsmediziner den Toten im Kölner Engelbertschrein und bestätigten erhebliche „Berstungs- und Biegungsbrüche" in der Schädeldecke.

Seit der Chronik des Cäsarius („Vita Sancti Engelberti") wird Engelbert als Heiliger gehandelt, obwohl es niemals wirklich eine Heiligsprechung gab. Und in dieser liebgewonnenen Erscheinung kehrte Engelbert dann 1925 in seine alte Residenz zurück: als Denkmal, schlank und aufrecht, hoch zu Pferd und würdevoll entspannt, ein milder Herrscher nach dem Geist des Art déco. Er war es, der die Burg hoch über der Wupper zum Schloss erweitern ließ und das Kernstück der bergischen Macht zum Herzstück einer

kurzen kulturellen Blüte machte, der letzten seiner Dynastie: Mit seinem Tod war das Geschlecht der Berger in männlicher Linie erloschen. Sein Reiterstandbild ist entsprechend das sichtbare Zentrum der Burg.
Burg ist das Ziel dieser Tour, doch Glüder ist ihr Ausgangspunkt, wo die Burger Attraktionen und der Auftrieb der Besucherscharen nicht einmal zu ahnen sind – und wo das Parken ganz umsonst ist.
Seit 2012 gibt es den „Bergischen Weg", seit Silvester 2013 ist er höchstamtlich zertifiziert vom Deutschen Wanderverband, dessen Präsident ungelogen Rauchfuß heißt. Auf 262 Kilometern schlängelt sich der Weg an allen Beauty Spots des Bergischen vorüber. Anders ausgedrückt: Er kommt nicht voran. Heute nennt man das „Genusswandern". Und weil der Weg so frisch und hübsch markiert ist, ein schwarzer Kringel auf orangefarbenem Grund, machen wir uns diese Eigenart zunutze und folgen einer seiner Schleifen ein Stück weit im Bergischen Land, wo es am Bergischsten ist, und finden alles, was dazugehört!
1
Bei Glüder vor der Wupperbrücke machen wir uns auf den Weg, überqueren geradewegs die Wupper und erreichen Glüder. Das war einmal eine historische Hofstatt auf der angeschwemmten Wupperaue, vor 100 Jahren eine schmucke Sommerfrische, heute nur ein Campingplatz sowie, zumindest aktuell, eine Minigolfanlage. Knotenpunkt ist Glüder nach wie vor für Wanderer, wie viele Wanderzeichen ahnen lassen. An der Bushaltestelle am Ende der Brücke sehen wir zum ersten Mal das orangefarbene Zeichen des „Bergischen Wegs", von dem wir uns zu Anfang und dann beinahe für den Rest des ganzen Rundwegs führen lassen.

Ins Grüne

Wir verlassen die Straße, queren geradewegs den Parkplatz und stoßen vor dem bewaldeten Sockel auf einen asphaltierten Weg. Ihm folgen wir nach rechts und kommen so nach gut 300 Metern in den Wald und wieder an die Wupper. Ihr wandern wir entgegen. Am felsigen Prallhang des Flusses steigen wir an, den Fluss zur Rechten unter uns. Bald mischt sich Hundebellen in das Vogelkonzert um uns her: Wir nähern uns dem Tierheim auf der anderen Seite des Flusses. Als wir den höchsten Punkt des Felsensteigs erreichen, liegt rechts die

Sessellift

Strohner Brücke unter uns. Wir steigen mit dem „Bergischen Weg" noch im Zickzack hinab, doch während dieser dann die Wupper wieder überquert, kreuzen
2 wir hier nur den kleinen Strohner oder Bertramsmühler Bach und folgen nun den frischen Zeichen des „Brezel-Wanderwegs", der rund um Burg an der Wupper verläuft: einem „B" im Kreis. So kommen wir weg von der Wupper auf einem breiten Weg den Bach hinauf auf seinem linken Ufer. Auf 2,5 Kilometern trieb er einst acht Wasserräder an. Wir sehen unterwegs auch Reste alten Fundaments.

Nach rund 300 Metern stößt von rechts ein Weg hinzu. Abermals 300 Meter weiter aufwärts dann die verschieferten Fachwerkfronten der ehemaligen Petersmühle, nun als Wohnhaus genutzt. Ein wenig unterhalb passieren wir noch eine Furt und kommen durch rot-weiße Absperrpfosten. Vor der Zufahrt zum Gebäude ist nun unser „Brezel-Wanderweg" befestigt und wir steigen hier durch die enge Kehre und in der Böschung weiterhin hinauf („B"). Knapp einen halben Kilometer Steigens weiter folgt ein Wegedreieck: Geradeaus und unbefestigt verläuft der Weg als „A 3". Wir wenden uns im spitzen Winkel links und steigen weiter mit dem „Brezel-Weg" (und „N"). Noch immer geht es in der Böschung aufwärts durch den Buchenwald, einen Viertelkilometer weit: Ehe wir die Höhe ganz erreichen, verlassen wir den asphaltierten Weg und folgen unseren Zeichen im spitzen Winkel rechts und ins Naturschutzgebiet, weiterhin bergauf. So stoßen wir nach etwa 60 Metern auf einen weiteren Weg und wandern, halb rechts und dabei im sachten Schwenk nach links, auf die Wupper zu und um die Höhe herum.

Nach etwa einem Viertelkreis weist uns ein Hinweisstein nach rechts hinab „Zum Löns Denkmal". So geht es am Steilhang hoch über dem Fluss nach links bis an das Halbrund aus Bergischer Grauwacke. Ein großer Monolith hält uns den Bronzekopf des Heidedichters entgegen wie Salome den des Johannes, ein Porträt des Solinger Metallbildhauers F. Otto Hoppe. Dann setzen wir den Rundweg fort mit den bekannten Zeichen. Am nächsten

Wegedreieck abermals ein Hinweis auf das Denkmal. Hier halten wir uns mit den Zeichen links und kommen so bei einer Eisenschranke an die „Burger Landstraße“ heran mit ihren glitzernden Fahrleitungen der Solinger Trolleys oder „Stangentaxis“. Wir kommen vorsichtig hinüber und gehen auf dem Fußweg etwa 50 Meter weit nach rechts. Dann folgen wir dem „B“ nach links und auf den fein gestreuten Weg. Vorbei an Pferdekoppeln, erreichen wir den Wald. Ein breiter Weg (noch immer „B“) bringt uns vorüber an der grün-weißen Schranke und geradewegs ein wenig sacht hinab.

So stoßen wir bei einem weiten Wegedreieck erneut auf den „Bergischen 3
Weg“ und achten nun für lange Zeit einzig auf sein leuchtendes Orange. Links wäre hier Gelegenheit zur Einkehr: Mit dem „B“ hinab bis an den „Wiesenkotten“ (und von dort zurück nach oben oder wupperabwärts mit der „Müngstener Straße“ bis nach Oberburg und an die Brücke). Wir aber 3
gehen hier nach rechts, im Schwung herum um eine Quellmulde mit einer Hütte und gestauten Teichen, noch einmal an das Weideland heran, dann wieder halbhoch in der Böschung weiter. Als wir die nächste Wasserkerbe überwunden haben, gabelt sich der Weg. Wir bleiben rechts mit dem markanten Zeichen, 450 Meter weit, sacht steigend, bis auf der Linken unverhofft Schloss Burg in voller Größe durch die Zweige schimmert.

Gleich darauf erreichen wir den Punkt „Im Jagenberg“ mit einer Bank, deren Aussicht indes schon zugewachsen ist. Hier halten wir uns in der Böschung auf dem schmalen Steig halb links (weiterhin „Bergischer Weg“) und wandern weiter, auf Schloss Burg zu, sacht bergab. Beim aufmerksamen Blick zurück erkennen wir den Bogen der alten „Kaiser-Wilhelm-Brücke“, seit 1918 „Müngstener“ Brücke, in Betrieb seit 1897. Nach weiteren 450 Metern knickt der Weg nach rechts und läuft nun eingekerbt bis auf die andere Seite des Höhenrückens, wo er wieder abfällt in die Wupper. Links geht es dann rasch nach Unterburg, nach wie vor mit dem „Bergischen Weg“.

Ein Erlebnis immer noch

Hier steigen, wie seit 1952 schon, die filigranen Sessel der Seilbahn an 23 Millimetern Stahlseil auf und nieder, vergnüglich ebenso wie mühelos, um oben das Schloss zu besuchen (ansonsten zu Fuß). Einkehrmöglichkeiten gibt es unten ebenso wie oben. Wir überqueren mit der Landstraße die Wupper, mit der „Schlossbergstraße" rechts, fast ohne es nur zu bemerken, den Eschbach, grüßen den Burger Brezelverkäufer, ohne ihm auf die Füße zu treten, wie offenbar die meisten jener, die ihm schon allzu nah gestanden haben.

Der schönste Blick auf Oberburg

Mit den Burger Brezeln hat es seine eigene Bewandtnis: Sie sollen eigentlich aus Frankreich stammen, wie es heißt. Ein Soldat Napoleons, so heißt es weiter, als Kriegsversehrter einquartiert bei einem Unterburger Bäcker, sei dort so gut behandelt und beköstigt worden, dass er ihn zum Dank die Kunst des feinen Brezelbackens lehrte. Anfangs buk der Bäcker hinter dicht verhängten Fenstern, aber sein Geheimnis machte bald vom Schornstein aus die Runde und seither backen alle Burger Bäcker Burger Brezeln, 1840 immerhin in dreißig Betrieben, und Brezelhändler war ein eigener Beruf, nur echt mit Kiepe für den pünktlichen Vertrieb.
Wer nun hinauf möchte zu Engelbert und nicht die Seilbahn zahlen will, der folgt der „Schlossbergstraße", wo sie den „Bergischen Weg" vor Haus 20 verlässt. Dann geht es bei Haus 35 mit dem Fußweg rechts, im Zickzack auf den Berg, zu Engelbert von Berg, der segnend seine Rechte hebt. Mag sein, dass er als Heiliger selbst seinem Mörder noch verziehen hätte. Doch dem saß längst der nächste Kölner Erzbischof im Nacken und so überlebte er die Bluttat nur um ein Jahr. Dann wurde er in Lüttich aufgegriffen und nahe Köln aufs Rad geflochten, an einem Ort, der heute noch in Henkers Namen nach dem Rädern heißt: Köln-Raderberg.

Unten setzen wir dann mit dem „Bergischen Weg" die Runde fort: Wir gehen rechts und nah der Wupper über den kleineren Parkplatz hinweg, dann mit dem Zeichen links bis an das Ende der „Schlossbergstraße", hier rechts, vorüber an der Giebelwand des verschieferten Hauses und wupperabwärts nach Burg an der Wupper abwärts auf dem schönen Steig.

So kommen wir zum Ort hinaus und am Prallhang des Flusses entlang, wieder steigend. An der Abzweigung zum „Diederichstempel" vorüber, halten wir uns rechts und wandern weiter an der Wupper. Es geht noch über einen Siefenlauf hinweg, dann führt uns der „Bergische Weg" in der Böschung hinauf. Am Punkt „Laacher Bach" kreuzen wir den breiten Weg, der hier den Fluss begleitet, und steigen weiter in der Böschung an in Richtung „Sengbachtalsperre". Rund einen halben Kilometer weiter gehen wir bei einem Wegedreieck links, hinauf, und stoßen gleich auf einen asphaltierten Querweg. Ihm folgen wir nach rechts („Sperrmauer Sengbachtalsperre 0,7 km"). So finden wir zur Rechten bald das schönste Panorama von Remscheid, der „Seestadt" auf der Höhe (weil sie nämlich oft so schön zu „sehen" ist: mit Wasser- und mit Rathausturm), daneben, rechts, davor – Schloss Burg.

Dann gabelt sich der Weg und gedruckt wie gepinselt wird uns links die „Sperrmauer" versprochen, der „Bergische Weg" sowieso. Hinab durch eine Doppelkehre kommen wir an die Staumauer der Talsperre. Sie stammt aus einer Zeit, als man „Kubikmeter" mit „C" schrieb und eine Sperrmauer ein Bauwerk war, nicht bloß ein Mittel zum Zweck. Als eleganter Bogen mit einem Radius von 150 Metern stemmt sich das schlanke Gemäuer aus Bruchstein und Schiefer gegen die gestauten Wassermassen, als sollte es dem Wanderer beweisen, was Menschenwitz vermag im Umgang mit den Kräften der Natur.

Mit den Kräften der Gesellschaft ging man dazumal noch ausgesprochen pflegeleicht um: Den Zylinder zum „Hurra!" gezogen, den Rücken zum Buckel

Sengbachtalsperre

Löns-Denkmal

gekrümmt – wie das „Solinger Kreis-Intelligenzblatt", das am Vortag der Einweihung das Hohelied des Oberbürgermeisters und des Stadtverwaltung säuselte: „Die Aufgaben, die der Verwaltung eines städtischen Gemeinwesens in unserer modernen Zeit gestellt werden, sind bekanntlich ungeheuer mannigfache." Gebaut indes, entworfen, hat die Mauer nicht der populäre Oberbürgermeister, der damals Dicke hieß, sondern der Geheimrat Professor Dr. Ing. Otto Intze von der TH Aachen: 43 Meter hoch, 178 Meter lang, mit einem Stauvolumen von 3,25 Millionen Kubikmeter Wasser. Das Rundeste an allem waren noch die Kosten: 5 Millionen Mark.

Der Blick aufs Wasser wird durch einen Zaun fast ebenso behindert wie der Griff zum Rettungsring, umso lohnender die Gegenseite: Sie wurde 2011 restauriert! Dann geht es weiter, von der Mauer durch das Drängelgitter nun halb links und längs der Weißdornhecke, die das Tal begrenzt. Bei einer offenen Schutzhütte stoßen wir wieder auf unseren breiten Höhenweg und gehen links.

So passieren wir die „Waldschule Solingen" zur Rechten und nehmen am
4 Ende ihrer Zaunplanken Abschied vom „Bergischen Weg": Er führt hinab nach Strohn. Wir aber gehen links mit dem „A 1" und wandern auf dem Messerrücken zwischen Sengbachtal und Wuppertal im Zickzack rechts
1 hinab, stoßen nah dem Pegel Glüder auf den asphaltierten Uferweg und kommen links zurück zum Ausgangspunkt.

INFORMATION

CHARAKTER

Aussichtenweg beiderseits der Wupper, empfohlen als Schattenweg im Sommer – oder für einen sonnigen Wintertag, wenn die Buchen kahl sind; Schloss Burg-Blick, Müngstener Brücke, Remscheid als Motiv, Sengbachtalsperre mit historischer Mauer

ANFAHRT

Von Köln Hbf. mit RB 24669 bis Solingen Hbf., dort mit S7 bis Solingen Mitte, *www.bahn.de*, dann mit Bus 683 nach „Burg Seilbahn", *www.vrr.de*
Mit dem Auto A 1 bis AS Burscheid, B 51 Richtung Wermelskirchen bis Hilgen, links L 294 bis Witzhelden, dort an der Kirche rechts Richtung Solingen und am Ortsende rechts ab K 4 bis Parkplatz längs der Straße vor der Wupperbrücke

NAVI-EINGABE
N 51.132615, E 7.119778

DAUER / LÄNGE
3 Stunden / 9 km

WANDERKARTE
Das Bergische (Hg.): Wanderkarte Bergisches Land, Maßstab 1:25.000 (= Karte 2: Nordwesten) 2015

VARIANTEN
Von Unterburg nach Oberburg wie beschrieben, dann entweder zurück oder über Parkplatz vor der Burg weiter „X 19“, Denkmäler, „A 1“ bis Diederichstempel, im Zickzack hinab bis auf den „Bergischen Weg“ und links, nun wieder steigend, Fortsetzung des Rundwegs

GASTHÄUSER
Waldschänke Wiesenkotten
Wiesenkotten 1, 42659 Solingen
Tel. 0212/432 34
(Ö) März–Okt. Di–Fr ab 12 Uhr, Sa/So ab 11 Uhr, Nov.–Feb. Sa/So ab 11 Uhr
www.wiesenkotten.de

In Burg zahlreich

HINWEISE
Sesselbahn verkehrt dienstags bis sonntags 10 bis 18 Uhr
Preise: 2 bis 4 Euro
www.seilbahn-burg.de

AUSKUNFT
Stadt Solingen
Tel. 0212/290-0

Stadt Remscheid
Tel. 02191/16-00

WWW.
www2.solingen.de
www.remscheid.de
www.bergisches-staedtedreieck.de
www.tetti.de/SOLINGEN/index
www.solingen-internet.de
www.der-schleifer.de

WEGVERLAUF
1 – 2 „Bergischer Weg“
2 – 3 „B“
3 – 4 „Bergischer Weg“
4 – 1 „A 1“

TOUR 6

Rudi schmirgelt hier nicht mehr

An der Wupper zum Balkhauser Kotten

Der Sage nach war es der Solinger Schmiedegeselle Severin Simmelpuss, der den Ruhm der heimischen Schmiedekunst um ein erhebliches vermehrte. Der liebte Maria, die Tochter seines Meisters, aber durfte sie nicht haben, denn der Meister hatte sich an den Rand des Ruins gewirtschaftet über langen Versuchen, Damaszener Klingen auch an der Wupper zu schmieden, und suchte dringend einen reichen Schwiegersohn, der einiges an Mitteln in das erfolglose Bemühen investierte. Severin dachte sich, eher als an Geld komm' ich nach Damaskus, und wollte Abschied nehmen von Maria, um im Reich Suleimans I. die begehrte Kunst zu lernen. Das war auf Heiligabend 1561. Er kam nur bis ins Tal der Wupper, wo er auf einen geisterhaften Alten traf, der ihm unter allerlei merkwürdigen Umständen eine Klinge schmiedete, wie man sie biegsamer und besser weder in Solingen noch in Damaskus je gefunden hatte. Da Severin dem Alten das Wunder-Werk nicht lohnen konnte, wollte er sich wenigstens des Namens in Dankbarkeit erinnern können: „Ich heiße", sagte jener, „Johann Faust". Ob Severin sich bei dem Namen etwas dachte, ist nicht überliefert. Überliefert ist nur noch das Happy End mit Maria.

Klingen haben Solingen berühmt gemacht, zwei Schwerter kreuzen sich auch heute noch auf seinem Wappen: Schon im 15. Jahrhundert, als das übrige Bergische Land noch an der Dröppelmina döste und von süßem Reisbrei träumte, war Solingen die Waffenschmiede der Nation; und als die Preußen sich später lieber bei Krupp in Essen aufrüsten ließen, stiegen die Solinger Schmiede um auf Taschenmesser, Scheren und Rasierklingen.

„Klingenpfad" heißt denn auch der 75 Kilometer lange Rundweg um die Stadt, und jeder Weg entlang der Wupper berührt ihn hie und da, auch dieser, der vielleicht der schönste, jedenfalls der spektakulärste von allen ist. Wir beginnen in Solingen-Glüder am südlichen, dem linken Wupperufer 1 am Brückengeländer und folgen dem „Bergischen Weg", auch dem „Schlösserweg" des Sauerländischen Gebirgsvereins, Weg 19 mit Andreaskreuz (auch Raute, „N" und „A 3") nach links, die Wupper hinab. Bald entfernt der Weg sich vom Fluss und führt, wo der Böckenchenbach hinzustrebt, um eine Weide am Ufer herum, und dann auf dem felsigen Steig in der Böschung sacht, aber stetig hinan. Bald treffen wir auf eine Aussichtskanzel mit Geländer. Der Pfad steigt weiter an, während uns die Wupper, wenn auch nur auf Zeit, verlässt. Hainbuchenwald mit Eichen wechselt ab mit dunklen Fichten, vereinzelt auch Kiefern dazwischen.

Das neue Wasserrad

Im Scheitelpunkt der Böschung passieren wir den Punkt des „Bergischen Wegs", der als „im Jahen Berg" bezeichnet ist, 118 Meter hoch. Wir sind hier auf dem „Landrat-Lucas-Weg" von Burg nach Opladen, benannt nach dem Solinger Landrat Adolf Lucas, der die ersten 27 Jahre des vergangenen Jahrhunderts Landrat für die Sozialdemokraten in Solingen war und am ersten Tag des Friedens starb, am 9. Mai des Jahres '45.

Wir wandern weiter mit den Zeichen wie bisher, nicht rechts hinab, wo der Steig bald im Weglosen endet. Von der nächsten flachen Höhe sehen wir im Tal Balkhausen liegen, ein schmuckes Fachwerkdurcheinander, und auf der Höhe gegenüber Haus Hohenscheid wie jener Rittersitz, der dort gestanden haben soll. Dies freilich ist ein Nachbau aus dem frühen 20. Jahrhundert, vor Zeiten ein Hotel, in dem sogar die Rolling Stones genächtigt haben, dann verfallen, Asylantenheim, zuletzt, am Ende des vergangenen Jahrhunderts, für eine harte Mark verkauft. Heute ist es ein christlich geführtes Heim, in dem Spaziergänger des Sonntags Kaffee trinken können.

Am Wupperhof

Im Linksschwenk geht es nun hinab, hinweg über den Raderhofer Bach und in den Felsen abermals hinauf. Oben wandern wir am Rand der freien Feldflur am Weidezaun entlang. Wo dann die Weidefläche endet, reizt rechts noch eine ungesicherte Felsenkanzel mit ihrem Postkartenblick auf Balkhausen und, wenn man sich vorsichtig vorbeugt, auf die flache Wupper. Dann geht es weiter mit dem gut markierten Weg, zunächst von der Wupper hinweg, schließlich im spitzen Winkel rechts mit einem Karrenweg hinab und mehrfach hin und wieder weiter mit Andreaskreuz. Unten, wo der Weg sich gabelt, halten wir uns mit den Zeichen links (rechts ginge es zur Wupper), bei einer zweiten Gabelung nur wenig später nochmals links und kommen auf einem hölzernen Brückchen nun auch über den Betscheider Bach.

Am steilen Rand des Prallhangs geht es dann im Zickzack auf dem schiefrigen Felsen hinauf mit dem „Bergischen Weg“. Kurz darauf passieren wir ein eingezäuntes Grundstück. Und bei der nächsten grünen Bank hat das Steigen ein Ende, dies ist mit 201 beschilderten Höhenmetern der höchste Punkt der Tour. Von links stößt kurz Weg „N“ zu uns. Nach etwa 150 Metern, bei der nächsten freien Fläche links, finden wir ein wenig unterhalb des Wegs eine heruntergekommene Schutzhütte, mit vollendeter Dramaturgie auf die Höhe gesetzt mit einem Blick auf Hohenscheid.

Von nun an geht es lange Zeit hinab. Nur der Weg mit Kreissymbol und 2
„N“ steigt wenig später, links ab, weiter an: Wir folgen weiterhin dem „Schlösserweg“ (dazu „A 3“, Quadrat und Raute) und kommen rasch hinab, nach 750 Metern an den Wupperhof, genauer: „Landhaus Wupperhof“. Hier musste man noch 1932 Brückenzoll entrichten. Der „Bergische Weg“ steigt vor der Straße links davon. Wir überqueren geradewegs die Fahrbahn steigen neben dem Geländer ab und gehen nun hinter dem Haus und den Nachbarhäusern herum und wandern auf dem anfangs asphaltierten Fahrweg am Rand der nunmehr breiten Wupperaue weiter („X“), entlang an einer weiten Ackerfläche, schließlich in den Wald und an der Wupper bis zum kleinen Brückchen am Rüdenstein.

Hier verlassen wir den „Schlösserweg“: Über die Wupper hinweg und am 3
Obenrüdener Kotten vorüber, erreichen wir am Rand der Wupperaue den breiten Weg und folgen ihm nach rechts („A 1“ und „N“). Bei einer Schranke geht es in den Wald. Am Fuß des Prallhangs wird die Wupper schmal, schnell und strömungsreich. Bei einer Holzbank strömt der Kaltenbacher Bach hinzu, und gleich darauf erreichen wir den alten Heiler Kotten mit dem verlandeten Untergraben. Schon 1605 soll hier geschliffen worden sein. Der jetzige zweigeschossige Bau wurde nach einem Brand im Jahre 1894 1895 neu gebaut. Bis zu 60 Schleifer waren hier einmal beschäftigt. Seit 1960 dient der Bau dem Solinger Paddelclub Wasserwanderer e. V. Der Obergraben ist heute ein Feuchtbiotop.

Call-Girl an der Strecke

Vorüber an der Einmündung des Fahrwegs Wüstenhof er-

4 reichen wir die Landstraße. Rechts sehen wir die Brücke mit dem Wupperhof. Halbrechts gegenüber, hart neben Haus 241, folgen wir dem schmalen Fußweg und erreichen bei einem rot-weißen Drängelgitter den Wald. Der Pfad schwenkt links und steigt neben der Kerbe des Schellberger Bachs im Wald bergan, nun als „A 2" und mit Quadrat markiert. Nur wenig später

Augen geradeaus

5 schwenkt der Pfad nach rechts und kommt mit einem breiteren Weg zum Wald hinaus. Hier haben wir den „Klingenpfad" erreicht.

6 Links führt der Weg über die freie Flur hinauf nach Hohenscheid mit Bauernhof und „Burg" mit falschen Zinnen und einem Turm, der mit seinem Dach Burg an der Wupper zitiert. In Gegenrichtung, von hier aus also rechts, führt der „Klingenpfad" weit um das Ackerland herum und bringt
7 uns endlich an den Wald und auf bequemem Weg hinab bis in den Wupperbogen. Hier erreichen wir den Weg „A 3" und wandern mit ihm, weiter auf dem „Klingenpfad" („S") dem Wupperlauf entgegen, links, bald abermals am steilen Prallhang.

So kommen wir zum Wald hinaus, hinweg über den Hohenscheider Bach und in die alte Hofstatt Balkhausen, wo an den schönen Fachwerkwänden Pliestscheiben und Wagenräder hängen. Es geht durch Pferdekoppeln und malerisches Fachwerk wie in Rüden, nur ohne gastronomische Vermarktung. Ob seiner vielen Fachwerkbalken wegen das hübsche Dorf Balkhausen heißt? Auf der Kreisstraße („Balkhauser Weg") gehen wir nach rechts, hinab, wo uns beim letzten Haus der „Klingenpfad" verlässt. Wir wandern weiter auf dem schmalen Fußweg an der Straße mit „A 3", und wo dieser Fußweg endet, geht es gegenüber und im Schutz der Leitplanke bis an den Balkhauser Kotten heran.

Der Kotten aus dem 16. Jahrhundert, seit 1612 zum Doppelkotten ausgebaut, ist im Lauf der Jahre viermal abgebrannt, zuletzt am 11. Dezember 1969. In Teer getränktes Eichenholz war auch so nah am Wasser kaum zu löschen, wenn es einmal brannte. Der Außenkotten war schon 1950 abgerissen worden. Der Kotten, wie er heute vor uns steht, ist das Werk des Wiederaufbaus 1971/72, mit neuem Wasserrad und 1999 wiederhergestelltem Obergraben, renoviert und frisch gestrichen 2003. Die großen Fensterflächen waren notwendig, damit die Schleifer Licht auf der Hand hatten, jetzt geben sie dem weiß-schwarzen Bau den noblen Charakter eines Landhauses. Ein mächtiger Baum ragt als Welle ins Haus, ein fingerstarker Riemen übersetzt die Kraft, die Drehung des Wasserrads im Graben wird im rechten Winkel übersetzt, bis sich im Nebenraum der mannshohe Schleifstein dreht. Davor kauerte auf einer Art Rutsche der Schleifer.

Über zahllose Zahnräder, Wellen und Riemen wurde die Kraft des Wassers zu jedem Arbeitsplatz gelenkt. Bis zu 56 „Schlieper", anderen Quellen zufolge gar 180, haben hier gearbeitet. Das beförderte den Wohlstand der Gemeinde, aber schadete erheblich der Moral: Noch 1903 beschwerte sich der Bürgermeister von Witzhelden, dass seine Bäuerinnen, auf dem Weg zum Markt nach Solingen, links und rechts des Wegs von nackten Hintern im Gebüsch behelligt würden, denn es gab für all die Schleifer keine einzige Toilette.

Früher traf man hier noch „Schmirgel-Rudi" an. Oben, im ersten Stock, wohnte einst der Bildhauer Ernst Egon Oslender mit seinen „Fühlsteinen".

Balkhauser Kotten

Er konnte noch das härteste Gestein in runde, weiche Formen verzaubern, schwelgerische Kissen oder üppige Busen, etwas Weiches jedenfalls. Dann zog es ihn mit seiner schweren Fracht nach Kanada.

Von 1981 bis zum Oktober 2004 arbeitete und lebte hier der Solinger Künstler und Industriedesigner Heinz-Peter Knoop. Dann zog es ihn nach Burscheid in ein neues Atelier im eigenen Heim – auch für den Kotten ein neuer Beginn. Heute ist das Kotten Schleifermuseum mit eigener Messekollektion.

Wie hart die Arbeit war, das lässt sich kaum mehr ermessen. Eine Vorstellung davon gibt immerhin die Sage: Einst lebte hier eine Familie, die war so arm, dass sie sich nur sonntags Reisbrei kochen konnte. Und weil ihr eigener Topf für die vielen Mäuler, die im Lauf der Jahre dazugekommen waren, zu klein geworden war, lieh sich die Hausfrau allwöchentlich den Kessel von den Heinzelmännchen, die in der Nähe ihres Kottens wohnten. Zum Dank blieb immer ein Rest Reis im Topf. Das ging so lange gut, bis ein paar boshafte Solinger sich ebenfalls den Topf einmal borgten, statt des Breis indes nur einen Haufen ihrer Exkremente in den Kessel setzten: „Das erbitterte", so heißt es in der Sage, „die Heinzelmännchen derart, dass sie die Solinger Einwohner verfluchten und ihnen für alle Zukunft krumme Beine wünschten. Der Fluch ging in Erfüllung. Und seit jener Zeit sind die Solinger krummbeinig."

Auf geraden Beinen, denn wir sind hier nur zu Gast, setzen wir den Weg nun fort: In der Böschung an der Straße sehen wir die alten, ausrangierten Schleifsteine, die man mit dem Meißel immer wieder neu zu schärfen hatte, bis sie nur noch einen Meter maßen. Wir wandern am Obergraben entlang bis zum Wehr, in der Böschung gegenüber geht es mit dem „Erzgebirgspfad" und „A 3" ein letztes Mal im Wald hinan und dann halb rechts hinab, in einer spitzen Doppelkehre auf den „Pfaffenberger Weg"
1 und rechts zurück zum Ausgangspunkt „Glüder Str./Wupper 90 m".

INFORMATION

CHARAKTER

Felsenpartien am Prallhang der Wupper mit schönen Blicken; im Winter ggf. gefährlich; gemütlicher Rückweg auf dem (sonnigen) rechten Ufer

ANFAHRT

Von Köln Hbf. mit RB 24669 bis Solingen Hbf., dort mit S7 bis Solingen Mitte, *www.bahn.de*, dann mit Bus 252 bis Glüder, *www.vrsinfo.de*

Mit dem Auto A 1 bis AS Burscheid, B 51 Richtung Wermelskirchen bis Hilgen, links L 294 bis Witzhelden, dort an der Kirche rechts Richtung Solingen und am Ortsende rechts ab K 4 bis Parkplatz längs der Straße vor der Wupperbrücke nach Glüder

NAVI-EINGABE

N 51.132702, E 7.119730

DAUER / LÄNGE

4 Stunden / 13 km

WANDERKARTE

Das Bergische (Hg.): Wanderkarte Bergisches Land, Maßstab 1:25.000 (= Karte 2: Nordwesten) 2015

GASTHÄUSER

Gaststätte Rüdenstein
Obenrüden 72, 42657 Solingen
Tel. 0212/81 23 14
(Ö) Mi–Sa ab 11 Uhr, So ab 10 Uhr
www.ruedenstein.de

HINWEISE

Direktvermarkter: Gut Hohenscheid
Julia und Theo Höffken
Hohenscheid 1, 42659 Solingen
Tel. 0212/478 23
(Ö): Mi 15–18 Uhr, Fr 14–18 Uhr, Sa 10–14 Uhr

Schleifermuseum Balkhauser Kotten
Balkhauser Weg 2, 42659 Solingen
Tel. 0212/383 54 53
(Ö) Di–So 10–17 Uhr
www.balkhauser-kotten.de

AUSKUNFT

Stadt Solingen
Tel. 0212/290-0

WWW.

www2.solingen.de
www.tetti.de/SOLINGEN/Glueder
www.tetti.de/SOLINGEN/BALKHAU-SER-KOTTEN
www.klingenstadt.com/bilderbuch/balkhaus.htm
www.der-schleifer.de
www.solingen-internet.de
www.solingen-internet.de/si-hgw

WEGVERLAUF

1 – 2 „Bergischer Weg“, „X 19“ u. a.
2 – 3 „X 19“, „A 1“
3 – 4 „A 1“
4 – 6 Quadrat, „A 2“
6 – 7 dito
7 – 1 „A 3“

TOUR 7

Kotten im Dornröschenschlaf

Von Wipperaue auf den Rüdenstein

„Dem Hunde, wenn er gut gezogen, wird selbst ein weiser Mann gewogen." – Hätte Herzog Robert von Berg schon Goethes „Faust" gekannt, er hätte dem Famulus Wagner sicher beigepflichtet. Dass in Hunden manchmal mehr steckt, als man ihnen ansieht, das wusste man an der Wupper schon lange, ehe Goethe aus des Pudels Kern den Teufelskerl Mephisto steigen ließ.

Und dass man es immer noch weiß, dafür sorgt ein Denkmal über dem Fluss: die Wendemarke dieser Tour, die an der „Haasenmühle" ihren Anfang
1 nimmt. Sie war die dreizehnte und letzte am Nacker Bach, der sich hier nach sechs Kilometern der Wupper ergibt. Der Mühle gegenüber folgen wir dem Fahrweg „Wipperaue" mit dem „Klingenpfad" („S"), „A 3" und einem weißen Dreieck als Markierung, überqueren zum Auftakt den Nacker Bach, ehe er zur Wupper wird, und finden gleich darauf das alte Loch des Steinbruchs, in dem im 19. Jahrhundert Sandstein für den Bau gewonnen wurde. Hier steigt der reich markierte Wanderweg ein wenig in die Böschung und wir wandern oberhalb der Straße weiter. Erst an den weitläufigen Bauten der über Jahre restaurierten Traditionsgaststätte „Wipperaue" von 1832 mit dem alten Floragarten erreichen wir wieder

die Straße – nur um sie in der Kurve, wo sie in das Sträßchen „Wippe" übergeht, gleich zu verlassen.

Hier wäre nun der Ort, um Namensforschung zu betreiben: Heißt denn die Wupper nicht nur nah der Quelle „Wipper", warum also heißt die Aue „Wipperaue" wie der Kotten „Wipperkotten" und die nächste Hofstatt „Wippe"? Die Argumente balancieren vorderhand wie auf der Wippe: Die einen sagen, der Weinsberger Bach, der ein paar Meter weiter in die Wupper fließt, habe früher tatsächlich „Wipper" oder auch „Wypper" geheißen, die anderen, die ganze Wupper sei die Wipper, nämlich von der Wortbedeutung her: denn „wippen" oder „wippeln" sei die hüpfende Bewegung des bewegten Wassers. Dann freilich dürften alle Flüsse Wipper heißen, sodass hier eine Wipper in die nächste flösse. Halten wir uns lieber daran, dass die Wipperaue wie der Wipperkotten wohl noch niemals anderswo gelegen haben als hier an der Wupper, die 1166 schon als „Wippere" bekannt war. Immerhin gilt auch für sie das Wort des Heraklit, dass alles fließt.

Wir erreichen nun am Fluss den schönen Wipperkotten. Der kleine Parkplatz vor dem Kotten ist mit alten Schleifsteinen umgrenzt. Hier gibt es eine Hinweisstele des „Erlebniswegs Wupper" der Regionale 2006. Seinem etwas geschwungenen Dreieck folgen wir über den Weinsberger Bach. Oberhalb des Kottens stürzt sich die Wupper mit Getöse über das breite, flache Hemmnis des Stauwehrs. Der Wipperkotten, schon zu Beginn des 17. Jahrhunderts erwähnt, nach Bränden 1783 und 1858 neu errichtet, steht seit 1994 mitsamt dem festen Inventar unter Denkmalschutz, denn er ist eine Rarität: der letzte wassergetriebene Solinger Schleifkotten an

Blick vom Höhenweg

der Wupper, der überdies noch seine technische Ausstattung im Originalzustand erhalten hat, zugleich der letzte Doppelkotten mit zwei Wasserrädern.

Noch 1859 gab es 105 Schleifereien mit Wassertriebwerken in Solingen, daneben 12 mit Dampfmaschinen. Um die Jahrhundertwende setzte sich der elektrische Antrieb immer mehr durch, auch wenn die Kotten weiterhin am Wasser lagen. So setzten 1913 nur noch 43 Schleifereien auf das Wasser, 6 auf Dampf, dagegen 615 auf Strom. Im Außen- oder Vorderkotten aber wird auch heute noch mit Wasserkraft geschliffen, der Innenkotten war die Galerie und Wohnstatt des Designers HAKARO, bürgerlich: Hans Karl Rodenkirchen, der sich als Anrainer der Wupper um deren Wasserqualität verdient gemacht hat. Schon 1967 gründete er in geradezu zeichenhafter Gemeinsamkeit mit dem Diplom-Chemiker Wilhelm Baulmann die „Notgemeinschaft Abwassergeschädigter bergischer Bäche und der unteren Wupper (NAG)" und kämpfte mehr als 33 Jahre lang mit bis zu 2.000 Mitstreitern für die Verbesserung des Wupperwassers. Sie wiesen beispielsweise nach, dass (1984) der Phenolgehalt des Wassers 150-fach höher war, als von Brüssel erlaubt, und schreckten auch nicht vor deutlichen Worten zurück: „Die Menschen an der unteren Wupper sollen wohl eines Tages durch das Trinkwasser vergiftet werden", mutmaßten sie 1985. 15 Jahre später lösten sie die Bürgerinitiative auf ihrer letzten Jahreshauptversammlung formvollendet auf – nicht weil sie

Wipperkotten ...

resigniert hätten, sondern weil das Ziel erreicht war: Die Wupper, sagen wir es allgemeinverständlich, stinkt nicht mehr! Nach Hans Karl Rodenkirchen, der 2007 im Wipperkotten starb, heißt heute in Dankbarkeit der Uferweg nach Leichlingen.

... gegenüber

Wir wandern links an dem malerischen Ensemble vorüber und kommen nahe dem Wehr durch ein rot-weißes Drängelgitter an das Ufer der Wupper heran („A 3"). So geht es nahe der breiten Aue weiterhin den Fluss hinauf, bis wir den asphaltierten Weg erreichen, der in der Böschung parallel verläuft. Hier überqueren wir bei einer Bank den Vormeiswinkeler Bach. Auch hier, am Flurstück Hohlenpohl, lag bis nach dem Zweiten Weltkrieg eine alte Schleiferei, einst ein Doppelkotten, 1683 schon belegt, zuletzt Entlausungsanstalt und Refugium für Ausgebombte. Jetzt sind die alten Wasserwege der Natur zurückgegeben und dienen nun als wiederhergestelltes Biotop. Nur von den Mauern sind noch Reste zu erahnen. Zum Hang hin tritt der blanke Felsen an den Weg.

In der leichten Biegung steigt der Weg mit eisernem Geländer im Prallhang an und entfernt sich im lichten Laubwald sacht vom Lauf der Wupper. Bald überqueren wir den Zulauf des Hintermeiswinkeler Bachs, ebenfalls

Wassersport

mit einer Bank. Rund 50 Meter weiter erklärt uns wieder eine Stele, wie hier, auf diesem schmalen Pfad links in der Böschung aufwärts, die Frauen der Schleifer in den Kotten auf einem Kissen auf dem Kopf die Ware transportierten, 25 Kilogramm Rohlinge oder geschliffene Klingen, je nach Richtung. Heute müssen die Frauen obendrein den Spott ihrer Historiker ertragen: Die nennen, was sie taten, „Kopfarbeit". Wir folgen diesem alten

2 „Lieferweg" mit Hinweisen am Fichtenstamm: „Friedrichshöhe", „Widdert". Zurück bleibt, vorerst, der „A 3" entlang der Friederichsaue mit Frühbeeten. Die Brücke am bergischen „Landgasthof Friedrichsaue" wäre schon

7 Gelegenheit zur Abkürzung. Der weiße Fachwerkbau am fernen Fluss, ein wenig wupperaufwärts, ist der Untenfriedrichstaler Kotten, einst ein großer Schleifbetrieb. Wir stoßen in der Böschung schon nach kurzem Aufstieg auf den Rundweg „A 2" von Friedrichsaue und wandern weiter in der Böschung aufwärts, geradeaus durch Eichenwald mit Ilex am Boden und wucherndem Geißblatt an allem Gehölz.

Oben schwenkt der Weg durch eine Kerbe im Gelände und wir passieren über einem Lärchenwald die Grundstücke von Friedrichshöhe. Es geht im Lärchenholz bergab („A 2", „S") und zwischen Weideflächen über Tritte abwärts, im Linksschwenk um ein einzelnes Grundstück mit kleinem, leuchtend weißen Fachwerkbau herum. Ein Brückchen bringt uns über den Friedrichstaler Bach. Es geht durch den Rechtsschwenk hinauf, wir kreuzen gleich die „Friedrichstaler Straße" und wandern gegenüber weiter mit „A 2" und mit dem „Klingenpfad". Bald wandern wir am Unterrand des Walds und sehen uns zu Füßen Friedrichstal. Bei einer alten Holzbank gabelt sich der Weg: Rechts geht es gleich hinab nach Rüden; wir wandern mit den gut markierten Zeichen links in Richtung „Mühlenberg".

Die Wupper liegt in tiefem Blau zur Rechten, einmal können wir sogar nach links hinunterschauen. So erreichen wir die Aussichtskanzel „Rüden" mit Geländer und zwei Bänken mit schönen Blicken über das unerwartet breite Tal von Rüden mit der Brücke bei Fähr. Das malerische bergische Fachwerkensemble der Hofschaft sieht so aus, als habe es sich aus der guten alten Zeit wie im Dornröschenschlaf herübergerettet bis heute. Tatsächlich aber haben hier die Nazis nachgeholfen, die von 1933 bis 1939 die Hofschaft ausgestaltet haben zum „ersten Musterdorf des Gaues". Zum Glück ist das den schönen Häusern, anders als den vielfach üblichen Parteitagstempeln, überhaupt nicht anzusehen. Vom Aussichtspunkt zurück, verfolgen wir nun weiterhin den „Klingenpfad" und den „A 2". Es geht ein wenig abwärts, dann sacht nach links und eine Zeitlang weg vom Wuppertal, um das weite Seitental bei Rüden zu umfahren, vorbei am Rettungsstandort 69.

Felsen in der Wipperaue

Es geht zum Wald hinaus und an den Gärten des Ortsteils Mühlenberg entlang, das Tal auch weiterhin zur Rechten. So erreichen wir die „Rüdener Straße", wo sie von der „Friedrichstaler" und der „Severinstraße" abzweigt, und halten uns halb rechts bis in die nächste scharfe Kehre („S" und „A 2"). Hier verlassen wir die Straße, gehen geradeaus und kommen neben einer Holzbank wieder in den Wald. Der Weg folgt hier der Modellierung des Geländes im Oberlauf des Rölscheider Bachs, der sich tief in den Schieferfels gegraben hat. Ein Holzbrückchen bringt uns hinüber, an einer Bank vorüber, unter Gartengrundstücken entlang und am Wegedreieck

am Rettungspunkt 68 vorbei. Noch einmal geht es über einen eingekerbten Quellbach. Rund 100 Meter weiter gabelt sich der Weg: Hier verlassen
3 wir den „Klingenpfad" („S") und „A 2" und wandern bei der Gabelung nach rechts in Richtung Rüden. Der Weg ist durch einen Apfel als „Solinger Obstweg" markiert. Es geht am Rand des Kerbtals entlang an einer Reihe hoher Eichen und Buchen, weiter unten läuft der schmale Pfad entlang an Haselnussgebüsch, vorbei an Weideland zur Linken.

So kommen wir, vorbei an Schuppen und einzelnen Höfen, in den Weiler Untenrüden. Mit dem „Obstweg" erreichen wir bei Fachwerkhaus 28 das Wuppertal. Rechts daneben steht ein Fachwerkhaus von 1775. Hier halten
4 wir uns links und wandern nun wieder mit dem „A 3" durch die Hofstatt. Am Fahrweg „Untenrüden", der geradewegs zur Wupper läuft, liegt mit verschieferter Front die Rüdener Volksschule von 1876. Wir gehen aber vorher links und wupperaufwärts, vorüber an „Haus Rüden" mit „A 1/3" und dem Dreieck des „Erlebniswegs Wupper".

Oberrüdener Kotten

Bald geht der Fahrweg „Untenrüden" in den Fahrweg „Obenrüden" über, noch immer mit denselben Zeichen, und bietet allerhand an Auskunft über die Region. Von Weitem sehen wir die „Gaststätte Rüdenstein" nah der Wupper. Der Weg schwenkt links, dann stehen wir am Wegedreieck mit dem Fahrweg „Obenrüdener Kotten". Ihm folgen wir nach rechts und auf den Kotten zu, ein dunkles Industriedenkmal des frühen

20. Jahrhunderts, das 1906 den Fachwerk-Doppelkotten von 1739 ersetzte. Ursprünglich waren hier wohl „Waidfärber" tätig, die der Örtlichkeit den damals noch passenden Namen „Blaumühle" hinterließen. Um den Beginn des 20. Jahrhunderts fanden an die hundert Schleifer in dem Kotten Arbeit und Brot. Erst 1976 wurde die Schleiferei aufgegeben, heute dient der restaurierte Kotten als Wohnhaus und bietet zwei Ferienwohnungen an. Links stehen Pferde auf der Koppel, rechts am Kotten führt der Weg „A 3" vorüber und auf einer schmalen Eisenbrücke über den Fluss, just neben der Kerbe des Oberbüscherhofer Bachs. Gleich am ersten, besser: letzten Brückchen des Oberbüscherhofer Bachs stoßen wir auf die Zeichen des „Bergischen Wegs" und folgen ihm ein Stück weit links. So geht es am grünen Geländer auf den Felssporn des sagenumwobenen Rüdener Bergs. Auf einer Art von U-Boot-Turm aus Felsenstein steht ein Hund, unverkennbar ein Rüde, und jault seit 1924 tonlos in den Himmel. Wer denkt, hier liegt der Hund begraben, der hat sich getäuscht. Auch die Inschrift auf der Seite dient eher der Verwirrung als der Klärung: „DER RÜDE HERZOG ROBERT VON BERG" steht gehauen in Versalien. Nun war der bergische Herzog weder ein Hund noch ein besonders rüder Potentat, auch steckte in dem Hund beileibe kein verwunschener Prinz: Beide sind schlicht Opfer des Platzmangels auf dem Denkmal geworden. Es war in Wahrheit alles anders, nämlich schöner: Um die Weihnachtszeit des Jahres 1424 ritt Herzog Robert von Schloss Burg in die Wälder, um zu jagen. Zwei Wagen mit Wildbret hatte man schon beisammen, da sah der Herzog einen kapitalen Hirsch und jagte ihm nach über Stock und Stein. Bei Nacht und Wind und Schnee und Kälte war er bald verschwunden. Als sein Tross schon auf dem Heimweg war, kam sein Rüde, der ebenfalls den Hirsch gehetzt hatte,

Kotten im Wuppertal

5

ohne Herzog zum Gefolge, bellte, jaulte, winselte und zog die Jäger derart heftig an den Mänteln, dass sie eilig folgten. Sie fanden den Herzog, blutend und halberfroren unter einem steilen Felsen. Sein Pferd hatte sich totgestürzt, der Hirsch war entkommen, und hätte ihm nicht sein Rüde die Wunden geleckt, ihn gewärmt und die Jäger alarmiert, er hätte Weihnachten nicht mehr erlebt.

Wupperaue

Als er wieder genesen war, ließ er dem Hund ein Denkmal setzen, das 200 Jahre hier stand, ehe es, wie einst sein Auftraggeber, im Sturm in die Tiefe stürzte. 300 Jahre musste der getreue Rüde warten, ehe man ein neues Denkmal baute; aber pünktlich zur Fünfhundertjahrfeier ging der „Verkehrs- und Verschönerungsverein Widdert" ans Werk und legte endlich den Grundstein: „GRDSTL 1924" heißt das auf dem Denkmal, denn auch links vom Hund herrscht Platzmangel.

Für uns bedeutet Herzogs Hund die Wendemarke dieser Tour. Mit dem „Bergischen Weg" steigen wir ab ins Kerbtal mit dem Bach und finden am Brückchen den Hinweispfosten des Punkts „Rüdenstein", 82 Meter über Null. Auf uns warten 120 Meter Steigung und nach Auskunft des „Bergischen Wegs" 1,7 Kilometer bis nach Fähr – über den Prallhang der Wupper, Rüden gegenüber. Der Weg ist kaum zu verfehlen, vielfach markiert („Bergischer Weg", „X", Raute, „N", Kreis und „A 3") und steigt in nassem Laub und auf schiefriger Grauwacke im Zickzack an der ausgesetzten

Flanke an. Vereinzelt schießen Radfahrer zu Tal, gerüstet wie Robert von Berg und mit tüchtigen Bremsen.

Auf der Höhe stoßen wir auf eine Bank mit einem Pfosten des „Bergischen Wegs“: 101 Meter netto sind wir schon gestiegen, hier, „Südlich Cleverberg“. Auf dem grünen Gleithang ausgebreitet liegt das erhaltene Fachwerk von Rüden. Gleich darauf erreichen wir den Höhenweg und folgen ihm nun wupperabwärts an der Abrisskante. Nach einer Abzweigung nach links gelangen wir an die Aussichtsstätte „Über den Dingen“ mit einem weiten Schutzpilz aus Holz. Wir wandern weiter, nun schon sacht bergab. Und wo der breite Weg dann gleich darauf nach links schwenkt, folgen wir den Wanderzeichen geradeaus und auf dem engen Höhenrücken abwärts, bis nach Fähr.

Hier verlässt uns am Punkt „Fähr“ („78 m“) der „Bergische Weg“ und 6
steigt im Seitental schon wieder aufwärts, noch vor dem Wasserlauf dem St. Heriberter Bach entgegen. Wir überqueren das Bächlein und gehen rechts hinab bis an die Rückfront von „Haus Fähr“, das 1829 schon als Gaststätte bekannt war, als Fährbetrieb nur dann und wann aktiv, wenn der alte Wuppersteg vom Hochwasser bedroht war oder als die Brücke nach dem Zweiten Weltkrieg nicht mehr zu passieren war. Hier folgen wir dem gut markierten Fahrweg „Rödel“ mit den Wanderwegen „X“, „N“, „A 1“ und „A 3“. Der asphaltierte Weg liegt wie eine Sehne im Bruchland eines kleinen Wupperbogens mit Unterholz und Pappeln.

Rüdenstein

Bei einer Furt erreichen wir wieder den Fluss und steigen nun am Prallhang mit dem Wanderweg ein wenig an. Bald passieren wir den Obenfriedrichstaler Kotten gegenüber, der hinter seiner alten Stützmauer zur Wupper ganz zur Wohnstatt umgebaut ist. Hier ist unser Weg fast wie im Gebirge ausgesetzt, den blanken Felsen haben wir zur Linken 100 Meter hoch. Bald sehen wir den langen Fachwerkbau des Untenfriedrichstaler Kottens gegenüber. Und wo dann das Gelände flacher wird, erreichen wir
7 die hübsche Fußgängerbrücke zur Friedrichsaue. „Friedrichsaue" heißt auch der Landgasthof, der seine Gäste mit großen Kuchenstücken und Waffeln mit sahnigem Reisbrei am Weiterwandern hindert.

Nach einer Pause kehren wir über das Brückchen zurück und wandern links der Wupper weiter wie bisher. Wo sich der Weg dann gabelt, verlassen wir Weg 19 mit Andreaskreuz und folgen halb rechts und im Flachen weiterhin Weg „N", bis wir das Bodendenkmal „Zobbes-" oder „Zoppesmur" erreichen, die Stätte einer frühmittelalterlichen Festung. Eigentlich ist eine Motte geradezu durch jenen aufgehäuften Hügel definiert, auf dem man sie errichtet hat; doch diese ist aus dem Felsen modelliert, mit einem künstlichen Graben im Fels, dem „Leysiefen", der den Bergsporn nach Osten hin begrenzt. Von ihm hat längst die Hofstatt oberhalb den Namen angenommen.

Seit dem frühen 13. Jahrhundert kommen die Herren der Burg im bergischen Umfeld urkundlich vor, der erste 1209 als „Rodolphus Zobbe", ein anderer verkaufte die begehrte Festung „de Leyensiefen" 1280 an Graf Adolf von Berg. Doch schöner noch als die Geschichte aus der alten Zeit sind die Geschichten drumherum. Wie diese hier: Ein Herrscher von Burg, so heißt es in der Sage, hatte einen Bruder, der in Köln ein hohes Kirchenamt verwaltete. Dieser Bruder hätte gern die Herrschaft über Burg an sich gebracht; doch dazu musste er, wenn er schon seinen Bruder nicht ermorden wollte, verhindern, dass irgendwelche Nachgeborenen noch Erbansprüche stellen konnten. Er lockte seinen Bruder in die Stadt und ließ ihn dort entmannen, um eine Heirat wenig attraktiv zu machen. Der Bruder, dem das nicht gefallen hatte, heuerte zwei finstere Gesellen an, Zopp und Rindfleisch, die griffen sich den Kölner und brachten ihn nach Burg, wo er in den Kerker kam. Politisch und dynastisch war das wohl ein Patt. Gesellschaftlich indessen war es langweilig. Und deshalb ließ der impotente Potentat von Burg von Zeit zu Zeit, wenn gerade mal kein Troubadour vorüberkam und auch der Hofnarr nicht in Form war, seinen eingekerkerten, doch sonst intakten Bruder mit Honig bestreichen und nackt an die Außenmauer hängen, wo es Wespen und Bienen und Schaulustige gab, und lobte dafür den Raubritter Zopp von der Zoppesmur in den allerhöchsten Tönen.

Am nächsten Wegekreuz nach rund 200 Metern gehen wir nach rechts („N") und erreichen hinter einem hübschen kleinen Fachwerkhaus erneut den Fluss. Ihm folgen wir das letzte Stück hinab bis an die Brücke, wo wir aufgebrochen sind, vorbei am Wipperkotten gegenüber und vorüber noch an Haus Nesselrode oder Nesselrath, ursprünglich ein Rittersitz in einer festen Wasserburg, 1368 erstmals mittelbar genannt, 1536 spätgotisch erweitert, nochmals später zum barocken Schloss erweitert, verfallen, 1850 abgerissen bis auf das gotische Torhaus, aber noch als Bauernhof mit einer Ahnung seiner alten Macht und Größe.

Am Rüdener Berg

Die Schießscharten im Tor erinnern uns daran, dass einst nicht nur Spaziergänger vorüberkamen. So schrieb hier 1246 das Leben eine jener schaurigschönen Geschichten, wie sie Shakespeare, hätte er sie nur gekannt, prompt auf die Bühne gebracht hätte: Kunigunde von Nesselrath verehrte Wirich, ihren Mann, doch klagte, dass sie ihn bei seinen Aventüren nie begleiten durfte.

Um zu prüfen, wie es mit ihrer Tapferkeit bestellt war, ritt er eines Tages einen Scheinangriff auf seine eigene Burg, das Gesinde suchte prompt das Heil in der Flucht oder wenigstens im Keller, Wirich besetzte die Burg und rief, man möge sich ergeben. Da trat mit einem Schwert und dem sprichwörtlichen Mut der Verzweiflung Kunigunde auf in voller Rüstung, sah wohl durch das Visier nicht so richtig, auch hatte sich Wirich verstellt, um den Spaß zu verlängern: kurz, Wirich blieb tot auf der Walstatt, für seine Witwe aber blieb allein das Kloster.

Von der „Haasenmühle" trennt uns jetzt nur noch die Brücke. Die stand nicht immer hier. Anno 1843 tat der damalige Müller namens Schmitz im „Solinger Kreis-Intelligenzblatt" kund und zu wissen, dass er eine „Fahrbrücke" errichtet habe, gerade dort, wo heute die Kreisstraße kreuzt, aber dass er bitteschön bei weitem nicht gewillt sei, die Brücke für den rollenden Verkehr konzessionieren zu lassen. Anders ausgedrückt: Die neue Brückenkonstruktion war nicht gedacht für Krethi oder Plethi, die es eilig hatten. Nur für des Müllers Kunden stand sie da. Das ist inzwischen nicht mehr so. Und so kommen wir nach rechts, zurück zur Haasenmühle. Von außen sieht sie wie ein schmuckes Wohnhaus aus, in der Gaststube hingegen zeigt sie dem Besucher noch ihr Mühlrad und vor allem ihre Zähne, ganz aus Holz.

INFORMATION

CHARAKTER
Die Schönheit des Wuppertals von unten und oben; vielfach variierbarer Weg mit drei Anstiegen und imposanten Überblicken; Natur und Solinger Wirtschaftsgeschichte von ihrer schönsten Seite

ANFAHRT
Von Köln Hbf. mit RB 27848 bis Opladen, *www.bahn.de*, dann mit Bus 250 bis „Haasenmühle", *www.vrsinfo.de*
Mit dem Auto von Leichlingen Richtung Solingen bis über die Wupper, gleich rechts zum Ausgangspunkt

NAVI-EINGABE
N 51.131249, E 7.026103, weitere Parkplätze an der Straße „Wipperaue"

DAUER / LÄNGE
4 Stunden / 13 km

WANDERKARTE
Das Bergische (Hg.): Wanderkarte Bergisches Land, Maßstab 1:25.000 (= Karte 2: Nordwesten) 2015

GASTHÄUSER
Gasthaus Haasenmühle
Haasenmühle 1, 42699 Solingen
Tel. 0212/247 40 12
(Ö) Mi–Sa ab 18 Uhr
www.hasenmuehle.com

Wipperaue
Wipperaue 3, 42699 Solingen
Tel. 0212/81 62 48
(Ö) Mi–So 12–23 Uhr
www.wipperaue.de

Haus Rüden
Untenrüden 39, 42657 Solingen
Tel. 0212/81 62 48
(Ö) Mo–Mi/Fr/Sa ab 11.30 Uhr, So ab 10 Uhr
www.hausrüden.de

Gasthaus Rüdenstein
Obenrüden 72, 42657 Solingen
Tel. 0212/81 23 14
(Ö) Mi–Sa ab 11 Uhr, So ab 10 Uhr
www.ruedenstein.de

Landgasthof Friedrichsaue
Friedrichsaue 43, 42657 Solingen
Tel. 0212/81 14 82
(Ö) Mi–So ab 11.30 Uhr
www.friedrichsaue.de

Haus Fähr
Fähr 14, 42799 Leichlingen
Tel. 0212/81 23 11
(Ö) Di–So 10–22 Uhr

HINWEISE

Direktvermarkter: Michael Altmeyer
(Erdbeeren)
Nesselrath/Leysiefen 2
42799 Leichlingen
Tel. 02175/722 11

Willi Conrads
Haus Nesselrath 16, 42799 Leichlingen
Tel. 02175/29 93

Die besten Erdbeeren gibt es bei
Hermann Böwer
Opladener Straße 35
Tel. 02175/33 88

AUSKUNFT

Stadt Leichlingen
Tel. 02175/992-102

Stadt Solingen
Tel. 0212/290-0

WWW.

www.leichlingen.de
www2.solingen.de
www.tetti.de/SOLINGEN/index
www.solingen-internet.de
www.schleiferei-wipperkotten.de

WEGVERLAUF

1 – 2 „A 3“, Wupper-Erlebnisweg (Dreieck)
2 – 3 „A 2“, „Klingenpfad“ („S“)
3 – 4 „Solinger Obstweg“
4 – 5 „A 3“ u. a.
5 – 6 „Bergischer Weg“ (links der Wupper)
6 – 1 „A 3“, zuletzt „N“
2 – 7 Abkürzung
4 – 6 Abkürzung
5 – 6 Abkürzung mit „A 1“ (rechts der Wupper)

TOUR 8

Von Leichen und Blüten

Rund um Leichlingen

Hier irrte Simrock: Als die Wissenschaft von deutscher Art und Sprache noch in ihren Kinderschuhen steckte, schritt der gelehrte Dichter oder reimende Gelehrte Karl Simrock bereits mit Siebenmeilenstiefeln durch die deutsche Sagenwelt und Etymologie. So kam er auch nach Leichlingen und trat daneben, dass der Versfuß knackte: Im Jahr des Heils 1199 soll dort die „Böhmenschlacht" geschlagen worden sein. Fünfhundert Böhmen lagen hinterher bei Nesselrath in ihrem Blut und Simrock zitierte wie zum Beweis das letzte Verspaar eines alten Lieds: „Die Stadt dort an dem Wupperstrand / ward Leichlingen da genannt". Der Leichen wegen, meinte er. Rittersitze, immerhin, gab es genügend um den Ort.
Doch Leichlingen am Wupperstrand war längst zuvor als „Leichlingin" bekannt, 973 erstmalig erwähnt als „Leigelingon", abseits aller Leichen. Immer wieder änderten die Leichlinger den Namen: „Lyglingen" (1529), „Laichlingen" (1555) oder „Lichlingen" (1606). Was das je im Einzelnen bedeutete, ob „Ley", den Felsen, oder „Lech", das Wässerchen, weiß niemand ganz genau. Und so blieb es schließlich, wie schon 1402, bei „Leichlingen", und damit kein Schuft sich Schlechtes dabei denkt, gab die Stadt sich ihren zweiten Namen vorsichtshalber selbst: die „Blütenstadt".

„In Leichlingen ist's immer schön: für die Ferien, zum Baden und Spazieren gehn!", stempelten die Leichlinger Frankiermaschinen 1941 ebenso wie 1951 auf die städtischen Kuverts, einmal mit und einmal ohne Hakenkreuz. Der Schönheit tat das keinen Abbruch.

Die Einsicht war schon an die hundert Jahre in der Welt: „Weniger in der Ferne bekannt, als die schöne Gegend es verdient, ist das Thal, durch welches die Wupper von Nesselrode herab, Leichlingen bespülend, bis Opladen herunterschlängert", so urteilte der Autor Freiherr Friedrich Eberhard von Mering 1855.

Dieses Tal ist heute unser Ziel, eben dort, wo der Fluss das Bergische Mittelgebirge verlässt. Und da die Parkraumbewirtschaftung heute auch in Leichlingen eine Kunst geworden ist, beginnen wir weit außerhalb, auf Simrocks namensgebendem Schlachtfeld an der Wupper. Wo die Kreisstraße 1 nach Solingen sich anschickt, hinter Nesselrath den Fluss zu überqueren, biegen wir rechts in den Fahrweg „Haus Nesselrath" („Leysiefen, 1
Altenhof"), stellen den Wagen ab und gehen weiter bis zur Abzweigung des Fahrwegs „Altenhof" nach rechts. Ihm folgen wir, die Wupper nun im Rücken, mit der Raute des Wegs 6 („Wupperweg" des SGV) durch die flache Flur dem Berg entgegen.

Vor der Hofstatt stoßen wir auf eine T-Kreuzung mit einer blauen Hinweisstele: Mit seiner Ersterwähnung 1589 ist der Altenhof tatsächlich eine der ältesten Besiedlungsspuren vor Ort. Hier lesen wir auch Schreckliches zur Böhmenschlacht. Wir folgen hier der Raute links, dann rechts, vorbei am alten Wohnhaus und vorbei an einer Voliere unter Birken, einer kleinen ornithologischen Arche Noah mit Federvieh. Es geht durch eine zweite Doppelkehre aufwärts, wo in der grünen Böschung Wild gelagert ist. Und auch für uns gibt es zwei Bänke für den weiten Blick.

Evangelische Kirche Leichlingen

Wo bei einem Wegedreieck unter einer großen Eiche rechts der Buchenwald den Blick beschneidet, halten wir uns geradeaus und folgen dann 200 Meter weiter, noch vor der großen Linkskehre des breiten Wegs, dem Wanderwegezeichen rechts und in den Wald, auf einem Pfad durch Ilex etwa 100 Meter weit hinab, dann mit der Raute links im Schwenk herum, auf einen zweiten, breiten Weg und rechts im spitzen Winkel über einen

Rast am Wegesrand

eingekerbten Bach hinweg (Raute). Wir queren auch den Weg, der parallel den Wasserlauf begleitet, und kommen so nach Scheidt, dem kleinen Weiler auf der Höhe, der gar nicht anders heißen kann, denn wie von einem Scheitel Haare fallen hier zwei Wasserläufe links und rechts ins Tal.

2 Hier verlässt der Wupperweg mit seiner Raute uns nach rechts. Wir wenden uns nach links und wandern nun mit einem Apfel auf dem „Obstweg", dem vierten der „Bergischen Streifzüge", in Weiß auf Rot markiert. Er bringt uns neben der bewachsenen Kerbe weiter hinauf. Nach 100 Metern stößt von rechts der Weg „A 1"/„X" hinzu. Am Ende der Quellmulde schwenkt der Weg am Wegedreieck links und bringt uns rasch auf jenen breiten Weg, den wir vor Scheidt verlassen haben. Ihm folgen wir nun rechts mit allen Zeichen, bis er uns am Rand der freien Ackerfläche als „Bennerter Obstweg" in den Ortsteil Bennert bringt, 1597 schon bekannt als „Benroth".

Noch vor der kleinen Straße verlässt der „Obstweg“ uns nach links, zur Schule. Wir bleiben geradeaus, erreichen am Briefkasten die „Bergstraße“ und gehen mit ihr rechts („A 1“, „N“, Raute). Schon 100 Meter weiter, den letzten Häusern gegenüber, queren wir die Straße und folgen halb links dem gesperrten Weg und den genannten Zeichen nach „Bergerhof 0,2 km“. Am Rand der Ackerfläche erreichen wir die gleichfalls alte Siedlung, 1488 „Up dem Berge“, 1597 „Freiheit auf dem Berge“. An den neuen Häusern geht es geradewegs entlang und in den alten Kern mit dem schönen Fachwerkhaus 75 am Wegedreieck. 3

Rechts liegt auf dem höchsten Punkt die Champignonzucht von Peter Marseille mit Hofladen (Nr. 71), links setzen wir die Runde fort bis an die Landstraße heran. Hier kommt von links der „Obstweg“ und führt uns rechts, knapp 150 Meter weiter, wo wir an der Abzweigung der Anliegerstraße den Wanderpunkt „Bennert, L 359, Berghof, 142 m (NN)“ erreichen. Das ist der höchste Punkt der Tour. Vor uns, fern und uns zu Füßen, liegt im Dunst das Rheintal. Wir wandern mit der „4“ auf rotem Grund schnurgeradeaus, vorüber an einer Baumgruppe, am Ortsrand dann vorbei „Am Hohlloch“ und weiterhin ins Tal, bis unser Sträßchen „Bechlenberg“ einen Linksknick beschreibt, um das Gefälle zu mildern. 4

Hier haben wir Station „E“ des „Obstwegs“ erreicht, wo wir vom „Apfel“ bis zu „Apple“ allerhand erfahren, das mit Leichlingen indessen kaum zu

Scheidt

„Blütenstadt"

tun hat. Wir folgen nun dem Zeichen rechts, kommen am schönen Schieferhaus 49 vorbei, gehen dahinter links und wieder an den Ort, entlang an Streuobstwiesen, dann mit der „Kurzen Straße" rechts, den Zeichen folgend nochmals rechts und „In der Meffert" mit dem roten Zeichen links, hinab. Schon an der nächsten Ecke mit dem Schieferhaus 21 geht es gleichfalls „In der Meffert" links und durchs „Dorf" zurück, wie dieser alte Teil des Orts heißt. Gut 100 Meter weiter folgen wir der „Mittelstraße"
5 rechts, bis an den Ausgangspunkt mit Tafel „A" des „Streifzugs 4" vor der Gaststätte „Zur Ratsstube".

Vorbei an einer Stele mit Auskünften zur Leichlinger Randlage gehen wir dann neben der alten evangelischen Kirche über die neue Fußgängerbrücke von 2009. Vor der Böschung mit dem Friedhof halten wir uns links, passieren den Friedhof „Pastorat" (sonntags freie Parkmöglichkeit!) und gehen weiter bis zur „Brückenstraße" mit der Bogenbrücke, die den Namen der Partnergemeinde Marly-le-Roi überliefert. Hier wandern wir nach rechts und folgen gleich hinter dem Geschäftshaus Nr. 14 rechts der
6 „Uferstraße" mit „X", einem weißen Balken und „A 2".

Es geht entlang am Friedhof, an der „Schulstraße" vorüber und dann halb
7 rechts, wo die Straße nun „Am Staderhof" heißt („X", „N"). Am Ortsrand mit Haus 18 halten wir uns mit den Zeichen geradeaus („Staderhof"), vorüber an der freien Flur mit Koppeln rechts und Weideflächen links. Es geht spitzwinklig halb rechts am alten Staderhof vorbei, im 14. Jahrhundert schon als Rittergut erwähnt, heute ohne Spuren älterer Befestigung, und dann im Schwenk hinunter an die Wupper, nach deren Gestade das alte Hofgut seinen Namen hat. Hier wandern wir am Rand der Wupperaue, am Prallhang weiter mit den beiden gut markierten Zeichen.

Bei einer kleinen vergitterten Fußgängerbrücke berühren wir den Fluss und wandern dann am Sockel der bewaldeten Höhe entlang. Zuletzt steigt der Pfad halb links ein wenig an und stößt auf einen asphaltierten Fahrweg. Wir gehen nun den Fahrweg rechts hinab („N"), vor dem rätselhaften Müllerhof vorbei an einer kleinen Kapelle mit einem holzgeschnitzten Auferstandenen.

Auch der Müllerhof war einst ein Rittergut, die Mühle wird 1166 schon erwähnt. Im Zweiten Weltkrieg fiel der Pächter samt dem Hof dem Bombenkrieg zum Opfer. Der Neubau, der nun vor uns steht, hat in den Jahren seit 1987 immer wieder neu die Fantasie der Leichlinger beflügelt: Was da auf halbem Wege zwischen Camelot und Disneyland heranwuchs, reich verziert mit Säulen, Erkern, Freitreppen und Turmhäusern, auch einem Teich mit einer weißen Aphrodite mit trockenen Füßen, sei offenbar bestimmt zum Freudenhaus der oberen Zehntausend, wenn nicht gar zum Traumschloss und Zentralorgan der Russen-Mafia. Tatsächlich, so der Düsseldorfer Bauherr und Besitzer, ein zu Geld (genauer: reichlich Geld) gekommener Schreinermeister, sei hier ein ganz normaler Bauernhof geplant, wie ihn die Eltern einst in Oberschlesien betrieben hatten: ohne Massentierhaltung und Turbo-Landwirtschaft, dafür mit Kräuterhof, auch einem Heuhotel für Schulklassen und einem Bauernhofcafé.

Hart an der Wupper schließt sich eine Motte an mit künstlichem Verteidigungshügel, nunmehr von Bäumen bestanden. Dem Wunschdenken der Leichlinger zufolge, die hier in schweren Zeiten Zuflucht suchten, hat sie heimliche Verbindung zu Haus Vorst am südlichen Ende der Stadt, drei, vier Kilometer untertage, dabei stets im Schlamm der Wupper.

Im „Dorf"

Hier wache ich.

Wir wandern nah dem Fluss entgegen, vorüber an den Resten eines Kriegerdenkmals. Die Wupper liegt nun unter uns, glasklar, in heftiger Bewegung. Früher einmal war der Fluss berühmt für seinen artenreichen Fischbestand. Hier gab es Lachs und Aal, auch Hecht und Karpfen, und sogenannte Rümpchen, Pierlinge und Möhnen. Aber als der Stadtheraldiker unter den Bergischen Löwen einen fetten Fisch ins Stadtwappen setzte, dürfte es von den Lachsschwärmen in der Wupper bereits nur noch Gerüchte gegeben haben. Denn die Leichlinger erhielten ihr Wappen erst zu Wilhelms Zeiten, obwohl die Stadt schon seit 1856 das Stadtrecht besaß. Eigentlich wollten die Stadtväter neben den Wappentieren auch den Zeppelin des 1910 über Leichlingen abgestürzten Luftpioniers Oskar Erbslöh ins Wappen aufnehmen. Aber der Kaiser verwarf mit energischem Rotstift und einem handschriftlichen „Ohne!" auf der Genehmigung vom 22. Dezember 1913 den seltsamen Plan; es blieb bei Fisch und Leu – und Erbslöh, immerhin, bekam ein Denkmal am Südrand der Stadt. Die Wasserqualität der Wupper war da längst ins Reich der Redensarten eingesickert, deren schönste, wenn auch politisch unkorrekt, ausgerechnet Pfarrer Kruse prägte, 1919. Als ihn englische Soldaten, Sieger also, fragten, ob man in der Wupper baden könne, knurrte er nur kurz: „Die ist schon verseucht." Noch vor Jahrzehnten gab es in Leichlingen an heißen Sommertagen „stinkefrei". Heute gibt es nur noch hitzefrei, wenn überhaupt.

Wupperaufwärts, bald vom Fluss entfernt, geht es nun im Landschaftsschutzgebiet dem Wasser entgegen. 230 Meter vor der Hofschaft Horn müssen wir uns dann von der Wupper vorübergehend verabschieden: Einmal zu häufig haben Mountainbiker hier die Anwohner erschreckt, jetzt ist der Weg am Ufer dicht, und der Wanderweg verläuft nun links, bis er auf die „Wipperauer Straße" stößt. Hier folgen wir der kleinen Landstraße vorsichtig nach rechts, 300 Meter weit bis Horn. Vor Haus 117 verlassen wir die Straße mit Weg „N" nach links, kommen in die freie Flur, gehen bei der Gabelung nach links und stoßen so nach wieder gut 200 Metern in einer T-Mündung auf einen asphaltierten Querweg. Ihm folgen wir nach rechts („A 1"), hinauf bis an ein Waldstück mit vier großen Eichen an der Biegung. Hier gabelt sich der Weg. Wir gehen ohne Wanderzeichen rechts und sanft hinab auf einem Wiesenweg. Im Wald wird er für kurze Zeit zum Hohlweg, es geht vorbei an einem Biotop und wir erreichen die „Leichlinger Straße".

8

9

10

Leichlinger Streuobstwiese

Wir überqueren bloß die Straße und gehen gegenüber mit dem „Klingenpfad" gleich weiter, passieren eine Gruppe Fachwerkhäuser und wenden uns dann vor der Böschung nach rechts („L"). So folgen wir dem Nacker Bach die letzten Meter Richtung Wupper, gehen mit dem Sträßchen „Wipperaue" wieder rechts, über den Bach hinweg und finden jenseits der Landstraße die „Haasenmühle". Als Gaststätte und als ihr eigenes Museum lockt sie die Besucher und macht es selbst dem Wanderer, der weiter will, nicht leicht, so viel konserviertes Mühlenleben schlicht zu ignorieren. Man

11

12

Ikarus Erbslöh

sieht das Mühlrad und die Zähne aus Holz und sitzt womöglich beim Kaffee gleich unter der hölzernen Schütte, mit der man einst die Säcke füllte.

Beim Weiterwandern folgen wir der Landstraße zur Wupper, vorüber an der kleinen „Wipperauer Straße", überqueren so ein zweites Mal den Fluss 1
und gehen gleich darauf mit dem Fahrweg links, zum Ausgangspunkt zurück.

INFORMATION

CHARAKTER
Im Frühjahr ein Blütenweg, immer eine schöne Runde um das Obstdorf an der Wupper

ANFAHRT
Von Köln Hbf. mit RB 24669 bis Leichlingen, *www.bahn.de*, dann mit Bus 694, *www.vrsinfo.de*; Start in Ortsmitte
Mit dem Auto A 3 bis AS Opladen, dann Richtung Leichlingen

NAVI-EINGABE
N 51.129669, E 7.025561

DAUER / LÄNGE
3–4 Stunden / 11 km

WANDERKARTE
Das Bergische (Hg.): Wanderkarte Bergisches Land, Maßstab 1:25.000 (= Karte 2: Nordwesten) 2015; Abweichung im Bereich des Altenhofs

GASTHÄUSER
Hermann des Wirths Hauß
Mittelstraße 10-12, 42799 Leichlingen, 1607 so erwähnt, seit 1870 Gaststätte, dann Bäckerei, jetzt wieder Gaststätte, ältestes Haus im „Dorf“
Tel. 02175/735 25

Gasthaus Haasenmühle
Haasenmühle 1, 42699 Solingen
Tel. 0212/247 40 12
(Ö) Mi–Sa ab 18 Uhr
www.hasenmuehle.com

HINWEISE
Direktvermarkter: Nobert Schulte
Staderhof 1, 42799 Leichlingen
Tel. 02175/29 52

Michael Altmeyer (Erdbeeren)
Nesselrath/Leysiefen 2, 42799 Leichlingen, Tel. 02175/722 11

Willi Conrads
Haus Nesselrath 16, 42799 Leichlingen
Tel. 02175/29 93

Baumhögger/Meuthen
(Obst, Gemüse, Fleisch)
Oberschmitte 19, 42799 Leichlingen
Tel. 02175/38 42

Peter Marseille (Champignons)
Bergerhof 71, 42799 Leichlingen
Tel. 02175/42 82

Stefan Krabb (Lamm, Schaf)
Unterberg 95, 42799 Leichlingen
Tel. 02175/88 24 42

AUSKUNFT
Stadt Leichlingen
Tel. 02175/992-102

Stadt Solingen
Tel. 0212/290-0

WWW.
www.leichlingen.de
www2.solingen.de
www.tetti.de/SOLINGEN/Haasen-muehle
www.stadtbild-leichlingen.de

WEGVERLAUF

1 – 2 Raute 6
2 – 3 „Bergischer Streifzug 4“
3 – 4 Raute 5, „A 1“, „N“
4 – 5 „Bergischer Streifzug 4“
5 – 6 keine
6 – 7 „X“, „A 2“, weißer Balken
7 – 8 „N“
8 – 9 keine
9 – 10 „N“
10 – 11 keine
11 – 12 „Klingenpfad“ („S“)
12 – 1 Raute 6, „L“ im Kreis

TOUR 9

Tatort für einen Mädchenmord

Nach Altenberg

Schon Benedictus hielt es mit dem Satz der Genesis, dass man im Schweiße seines Angesichts sein Brot verzehren solle. Das Mittelalter machte daraus um des Reimes willen: Ora et labora. Wie konnte Bernhard von Clairvaux den Satz noch weiter reformieren? Indem er ihn beim Wort nahm. Auf dem Berg, wie Benedikt, war man wohl nah bei Gott. So viel zu „ora"! Nur arbeiten („labora") ließ es sich dabei schlecht. Deshalb siedelten die Zisterzienser lieber im Tal und ließen den älteren Benediktinern die Berge, Franziskus die Städte und dem Ignatius mit seinen Jesuiten die Ballungszentren. Zum Mitschreiben, sofern man der Gelehrtensprache mächtig war: Bernardus valles, montes Benedictus amavit, oppida Franciscus, magnas Ignatius urbes.

Also rechnen wir in Altenberg zu recht mit Zisterziensern. Eberhard von Berg, der Bruder Graf Adolfs, war als Mönch von Morimond hierher gekommen und hatte „Altenberg" bezogen, „mons vetus", die alte Burg am Tal der Dhünn. Das war 1133. Nur wenig später gaben er und seine Brüder die Stammburg hoch am Steilhang wieder auf und zogen in die Niederung der Dhünn, um der Gewohnheit ihres Ordens zu entsprechen. Doch wo ein Berg nur einen Gipfel hat, da lockt das Tal mit vielen schönen Stellen.

Lange, so erzählt uns die Legende, konnten sie nicht einig werden, wo sie siedeln sollten, denn schön erschien es jedem anderswo. So wälzten sie die schwierige Entscheidung ab auf einen Esel, den sie mit Geld und den Insignien des Klosters beluden und zuversichtlich talwärts trieben. Sollte der beschließen, wo sie bauen würden! Der Esel ließ sie zappeln, wie es heißt, blieb auch ein paarmal stehen, dass den Klosterbrüdern hinter ihm das Herz im Halse klopfte, zog dann aber weiter, vielleicht durch kurze Stoßgebete, vielleicht, wer weiß, wohl auch durch manchen gutgemeinten Steinwurf angetrieben. Erst auf einer Schotterbank am Pfengsbach, wo jener sich der Dhünn ergibt, legte sich der Esel nieder. „Das ist der Bauplatz!", riefen da die Mönche. „Gott will es so!" Das Grautier fühlte sich geschmeichelt. So hatte ihn noch niemand angeredet! Schon wenige Jahre darauf stand hier eine romanische Klosterkirche, über deren Fundamenten von 1259 an der heutige gotische Bau errichtet wurde, das „spectaculum Montium in Monte", das bergische Wunder im Herzogtum Berg.

1

Wir halten es wie einst die Mönche und machen uns am Parkplatz „Rösberg" auf den Weg. In der Böschung südlich gegenüber liegt, was von „mons vetus" übrig ist. Hier folgen wir dem blaugelben Muschelsymbol des Jakobswegs unter der Straße hinweg (auch Raute), dann, vor der Zufahrt zu Haus Altenberg, gehen wir am „Martin-Luther-Haus" mit dem „Uferweg" halb links, gleich vor der Brücke, und wandern so die Dhünn hinauf, knapp 200 Meter weit an ihrem rechten Ufer. Erst hier geht es nach rechts, über den kleinen Fluss hinweg, durch das barocke Tor und zwischen „Altenberger Hof" und „Torschänke", historisch korrekt, auf den weiten Domplatz, der eigentlich kein Domplatz ist, weil ja „der Dom" nur eine Klosterkirche ist und keine Kathedrale. Vor der Ecke von Haus Altenberg sehen wir das bronzene Modell der Anlage.

Hier rechts ab

1

Am Tor schon haben wir das leuchtend orangefarbene Zeichen des „Bergischen Wegs" entdeckt, der uns die halbe Strecke hindurch begleiten soll. Hier also beteten die Mönche. Und wovon lebten sie? Von Fisch. Fleisch und gewürzte Speisen hatte der heilige Bernhard verboten. So halten wir

uns links (mit dem „Bergischen Weg") und folgen dann an der Umfriedungsmauer um den Kirchenbau rechts dem Fahrweg „Zu den Teichen". Nomen est omen. Wo der Weg sich gabelt, bleiben wir rechts und kommen sicher unter der Umgehungsstraße her. Wir steigen jenseits weiter, mit der Straße noch bis in den Scheitelpunkt der Kurve. Hier folgen wir nun geradeaus dem „Bülsberger Weg" und wandern, wo der Fahrweg vor
2 dem Parkplatz rechts schwenkt und zwischen den Teichen verläuft (Anfang „Kultur- und Waldlehrpfad"), weiter geradeaus mit dem „Bergischen Weg" und einigen markierten Rundwegen.

Dom, doch keine Kathedrale

Rechts unter uns erkennen wir die Fischteiche der Zisterzienser. Hier also haben wir uns jenes Drama vorzustellen, mit dem die frommen Brüder Gottes Güte reichlich strapazierten: Einer unter ihnen soll in fleischlicher Lust eine Jungfrau geschändet haben. Die Fische waren Zeuge, aber keiner sagte nur ein Wort. Man entschied sich für den Tod als Sühne, wenn auch den des Mädchens, nicht des Bruders, auf dass ein Ende sei mit dieser sündigen Versuchung! Die Fische kamen in die Pfanne, das Mädchen in den Teich und starb mit einem doppelten Fluch auf den Lippen: Kein großer Wissenschaftler werde jemals aus dem Kloster erwachsen und Flammen würden es dereinst verzehren. Selbst wenn der Mord nur böswillig erfunden war: Die Flüche wurden wahr!

Bergisches Blattwerk

Am Ende der Teiche steigt der Weg in der Böschung an und bringt uns rasch in das Naturschutzgebiet des „Pfengsbachtals". Da niemand weiß, was dieser Name heißt, weiß auch niemand, wie er denn korrekt geschrieben wird. Mal wie Pfingsten, mal wie „Pengs". Dafür weiß man ganz genau, wie lang der Bach ist: 3,8 Kilometer, und woher er selbst bei größter Trockenheit sein Wasser bezieht: vom Schickberg, hoch von Unterbreitbach, aus dem Winkelhauser Loch. Die Rundwege „A 4", „A 5" verlassen uns und führen linker Hand hinauf, wir folgen nun allein dem „Bergischen Weg" und gelegentlichen Hinweispfosten, die uns von der Gemeinen Pinie über die Brombeere, die Douglasie, auch Farn und Vogelkirsche bis zur Buche, fagus sylvatica, mit allerhand von dem bekannt machen, was im Bergischen zu Hause ist. Der Bach entfernt sich dabei zwischenzeitlich immer mehr von uns. So passieren wir auch alte Pingenzüge einer Grube Alsen, in denen nach Bleierz geschürft wurde. Wir kommen mit dem alten Karrenweg über den Scheitel der Höhe hinweg und bei Details zur Stechpalme über einen Siefenlauf hinweg.

Am schönsten nachmittags: das Westfenster

Bei dem Muster einer schönen Buche, fagus sympathica, 160 Jahre alt nach ihrem Schild, schwenkt der Weg scharf rechts (geradeaus ein Warnschild: „Sackgasse"), beschreibt eine vollständige Kehre durch eine Geländekerbe und führt in scheintotem Fichtenholz mit „A 7" hinab, auch dort, wo sich der Weg gleich gabelt. Für kurze Zeit sieht die Natur so aus wie eine Kohlezeichnung des armen, einstmals hochberühmten,

Gutes Zeichen

unglücklichen Malers Bernhard Buffet. Unten dreht der Weg sich links und um die Höhe, bei der „Hain- oder Weißbuche" haben wir das Tal erreicht. Vorbei an Haselnuss und Schwarzerle, alnus glutinosa, kommen wir rechts auf hölzernen Bohlen durch den Sumpf und lesen aufmerksam, was es vom sommergrünen Faulbaum so zu wissen gibt: „Faul" heißt er, weil seine Rinde so riecht, ansonsten ist er eher fleißig, wenn auch giftig. Frauen färbten ihre Haare oder Tuche damit, als Tee genommen, lindert er Entzündungen, als Pulver und Tinktur genossen, wirkt er heftig abführend. Sein Holz verkohlt fast rückstandsfrei und war daher die erste Wahl zur Herstellung von Schwarzpulver, was dem kleinen Baum den zweiten Namen „Pulverholz" eintrug. Die Dhünn nur ein paar Kilometer aufwärts gab es viele Pulvermühlen, heute noch an ihren Fundamenten zu erkennen.
Das wiederum erinnert an den Kölner Weinhändler Pleunissen, eine der Heuschrecken der Napoleonischen Zeit. Der kaufte Kloster Altenberg nach der Säkularisierung 1803 für 24.415 Reichstaler und 54 Stüber. Er kannte sich als Weinhändler mit chemischen Substanzen aus und wollte in den Klosterbauten mit preußischem Berliner Blau den eigenen Opportunismus vergolden. Doch das Rheinland war schon immer antipreußisch.

Womöglich hatte auch die tote Jungfrau aus dem Teich die bleiche Hand im Spiel: Jedenfalls flog Pleunissen in der Nacht des 7. November 1815 das Kloster um die Ohren.
Der Rest blieb als Ruine stehen, ohne Dach dem Wetter ausgesetzt, sodass am 1. Oktober 1821 die südliche Vierung morsch zusammenbrach. Jetzt wurden auch die letzten Reste noch geplündert; die mehr als fünf Quadratmeter große Messingtafel des Stifters Bischof Wikhold war mit einem Mal kein Kunstwerk mehr, sondern Buntmetall, für das ein Altwarenhändler nur den Schrottpreis zahlte, um es einzuschmelzen.
So kommen wir über den Pfengsbach hinweg und über Tritte mit Handlauf hinauf bis an den Wegpunkt „Südlich Pfengsbachquerung 130 m (NN)". 3
Der Querweg in der Böschung wartet hier mit einer Japanlärche auf, dazu der Frage: rechts oder links? Rechts ginge es mit dem Waldlehrpfad kurz und angenehm zurück. Links wird der Weg zur echten kleinen Wanderung. Wir wandern also mit dem „Bergischen Weg" weiter (und nun auch mit „X"), dem Bach entgegen. Nach 100 Metern verlässt uns links ein Weg hinab ins Tal, der nach „Feld" und „Neschen" führt. Wir steigen weiter sacht hinan und erreichen einen Mauerrest zur Rechten an der Böschung. Hier standen, lesen wir, Wohnhaus und Stall der Spezarder, 1917 „Großspezardter", Mühle, also der Mühle im Spechts-Wald. Zum Bach hin, unterhalb, befindet sich eine kleine, dunkle Schutzhütte, vor ihr stand einst die Mühle. Das Haus war noch bewohnt bis 1955. Jetzt ist es verschwunden wie die Mühle auch. Die Steine hat man andernorts gebrauchen können.

Unterwegs zum Faulbaum

Das gleiche Schicksal war auch für die Klosterkirche vorgesehen. Die Steine sollten beim Rhein-Maas-Kanal verwendet werden. Dann wendete sich für Napoleon das Glück und die Romantiker entdeckten ihre Liebe zur „gotischen" Vergangenheit. Friedrich Wilhelm IV. von Preußen persönlich ließ sich die Rettung der Ruine angelegen sein. Fünf Jahre, nachdem er den zweiten Grundstein für den Dom zu Köln gelegt hatte, reiste er nach Altenberg, der Dom war fertig. Und weil die Preußen protestantisch waren, dient er nun beiden Konfessionen.

Links des Wegs erkennen wir den alten Obergraben und sehen, dass die Mühle zwar im Tal des Pfengsbachs lag, aber nicht am Pfengsbach, der hier tiefer fließt. Rund 150 Meter weiter stehen wir bei einer alten Bank

4 auf einem Wegedreieck. Von rechts fließt ein Wasser vom Backesberg. Wir wandern weiter geradeaus mit dem „Bergischen Weg", schauen rechts auf den Spezarder Mühlenteich, der das Wasser dieses Siefens staute, um die Mühle zu versorgen. Der Siefen fiel so häufig trocken, dass der Müller seit 1864 kaum noch Steuern zu zahlen brauchte.

Beim nächsten Wegedreieck wenig später halten wir uns wieder links mit dem „Bergischen Weg", folgen so auch weiter dem Andreaskreuz. Wo das Bachtal sich vor einem Zulauf rechts verbreitert, gabelt sich der Weg

Nach Scheuren

erneut: Wir bleiben links und folgen den bewährten Zeichen, queren so den Winkelhauser Zulauf des Pfengsbachs und wandern dem Breidenbacher Quellgewässer entgegen, vorüber an den Winkelhauser Weiden. Es geht durch Buchenwald und dann auf einem schönen Brückchen über ein weiteres Wasser hinweg und hinauf. Oben kommen wir bei einer Bank zum Wald hinaus und sehen von der vorerst höchsten Stelle des Wegs auf die

Burg Berge

Ortslage Scheuren. Der Weg knickt rechts, bringt uns ein Stück am Wald entlang und zwischen Weideflächen dann nach links, geradewegs bis an den Gasthof „Heuser", ein Traditionslokal seit 125 Jahren.

Nach der Rast folgen wir weiter der „Scheurener Straße" über die Ein- 5
mündung der „Peter-Hecker-Straße" hinweg und am Fahrweg „Wirtsspe-
zard" vorüber, über den uns der „Bergische Weg" nun verlässt. Wir wan-
dern weiter mit „A 2/4", vorbei an dem Sträßchen „Zum Wirtsspezarder
Hof". In der Biegung passieren wir die Sackgasse „Winkelhausen", dann 6
den namenlosen asphaltierten Weg zur Linken mit „A 2/4". So geht es in
den Wald, wo wir gleich dem Wanderparkplatz gegenüber rechts den „Pri- 7
vatweg" nach Großspezard nehmen (Winkel von Weg 8). Der Wildzaun
neben der Straße begrenzt den Strauweiler Wildpark, der sich von hier bis
zur Dhünn kilometerweit erstreckt. Bald kommen wir bei einer schönen
Bank zum Wald hinaus. Vor Jahren wuchs hier noch Rindfleisch heran,
jetzt hat sich der Landwirt auf Pferde verlegt. Es geht am Hof vorüber und
aufs Neue an den Wald mit einer Schutzhütte, an der der Weg „A 10" 8
vorüberführt. Wir folgen weiterhin halb links dem Winkel des Wegs 8.

Spezarder Mühlenteich

9 Wo dann der Wald zur Linken endet, schwenkt der Weg „A 10" nach rechts. Wir bleiben weiter auf dem Weg mit Winkel. Am Waldrand auf der Rechten folgt noch einmal eine Bank. Hier berühren wir den Weiler
10 Bülsberg. Rechts führt Weg 8 (Winkel) hinab zum Parkplatz bei den Teichen. Wir aber gehen ohne Zeichen weiter geradeaus und staunen ob der schmucken Heimstatt, die Bülsberg für die Anwohner geworden ist. Die interessierte Forschung diskutiert, ob „Bülsberg" seinen Namen von den schwarzen Bilsen ausgeliehen hat, die hier zu finden waren, oder von einem 1157 erwähnten Hof namens „Bullengesberch". Für uns ist sicher, dass der hübsche Platz den Namen seiner Lage wegen trägt, nämlich oben auf der „Bühl", der Beule, sei es die am Schädel oder im Gebirge.

So geht es durch den hübschen kleinen Ort, vorbei an einem Kruzifix, das wie für Wanderer beschriftet ist: „Bei meinem Jesu ruh ich aus". So kommen wir über den letzten gepflasterten Querweg hinweg, auf ein verschlossenes Gatter zu. Vorher wenden wir uns nach rechts und folgen nun dem Pfad entlang der letzten Grundstücke, am Wildzaun entlang und rasch bergab. Im Wald dann schwenkt der Pfad nach links, um eine Quellmulde herum und rechts des tief gekerbten Bachlaufs abwärts, den Wildzaun linker Hand. Bald vereinigt sich der Pfad mit einem Weg, der rechts von einem Absatz im Gelände geradewegs hinabführt, und gemeinsam geht
11 es nun im Wald bergab, bis wir zuletzt auf einen breiten Querweg in der Böschung stoßen, parallel zur Straße und zur Dhünn („Streifzug 6", „A 1").

Ihm folgen wir nach rechts, und wir erreichen bei zwei Bänken rechts und links des Wegs Burg Berge, den Stammsitz des Bergischen Landes. Das war die Burg, vielleicht von 1060, mit der die Herrscher von Berg ihre Herrschaft begründeten, hoch auf dem Burgberg an der Dhünn gelegen. Wir steigen links des Wegs ein wenig in der Burg umher, bis an den steilen Hang zur Dhünn hinab. Das war der Berg, um dessentwegen sie sich „Berger" und „de Berge" nannten, von hier aus zogen sie schon nach Jahrzehnten um nach Neuenberg, Schloss Burg fern an der Wupper. Um die Stammburg davon abzugrenzen, nannten sie sie Alten-Berg. Und mit den Zisterziensermönchen, denen sie zu benediktinisch erschien, ging der Name auf das Kloster über, das am Pfengsbach wuchs, auf keinem Berg gelegen und auf keiner „Beule".

Beim Weiterwandern kommen wir durch eine Art von Tor in der ältesten Umwallung („Streifzug 6", „A 1"). Hier senkt der Weg sich sacht nach links und an den Pfengsbach, der sich gleich darauf der Dhünn ergibt. Es geht vorbei an einem wiederhergestellten Rest der alten Klostermauer. Der „Streifzug 6" führt nun zum Parkplatz bei den Teichen. Wir überqueren vorsichtig die Straße und gehen drüben weiter mit „A 1", queren gleich darauf den Pfengsbach und folgen dem „A 1" bis vor den Altenberger

Stammburg der Berger

Dom. Glatt und ohne Schnörkel zeigt sich seine Chorseite so wie ein wertvoller Kristall. Das haben die Erbauer offensichtlich ebenso empfunden und haben diesen Reiz des Gegensatzes von Natur und Kunst im Inneren ein zweites Mal gestaltet. Denn dort ist jedes Ornament gleich eine Huldigung an die Natur ringsum.

Heute Pferde

INFORMATION

CHARAKTER
Lehrreicher Weg durch Natur und Geschichte von Altenberg, kaum Asphalt, viele Einkehrmöglichkeiten

ANFAHRT
Von Köln Hbf. mit S11 bis Bergisch Gladbach, *www.bahn.de,* dort mit Bus 430 bis Herzogenfeld, dann mit Bus 238 bis Altenberg, *www.wupsi.de*
Mit dem Auto A 1 bis AS Burscheid, Altenberg liegt abseits der B 51 an der L 101 Odenthal-Dabringhausen. Parkplätze im Klosterbereich sind begrenzt und gebührenpflichtig, frei ist der Wanderparkplatz an der Umgehungsstraße sowie der Parkplatz „Am Rösberg" abseits der Straße nach Blecher.

NAVI-EINGABE
N 51.053338, E 7.128501

DAUER / LÄNGE
3 Stunden / 9 km

WANDERKARTE
Das Bergische (Hg.): Wanderkarte Bergisches Land, Maßstab 1:25.000 (= Karte 2: Nordwesten) 2015

VARIANTEN
Vgl. Karte

GASTHÄUSER
Altenberger Hof
Eugen-Heinen-Platz 7, 51519 Odenthal
Tel. 02174/49 70
(Ö) tägl. 6.30–23 Uhr
www.altenberger-hof.de

Gaststätte Küchenhof
Carl-Mosterts-Straße, 51519 Odenthal
Tel. 02174/414 13
(Ö) Di–So ab 11 Uhr
www.gaststaette-kuechenhof.de

Hotel-Restaurant Wisskirchen
Am Rösberg 2, 51519 Odenthal
Tel. 02174/671 80
www.hotel-wisskirchen.de

Café-Restaurant Märchenwald
Märchenwald, 51519 Odenthal
Tel. 02174/404 54
(Ö) 1. Mai–31. Okt. tägl. 9–18 Uhr

Café-Restaurant Heuser
Peter-Hecker-Straße 1,
51519 Odenthal
Tel. 02207/24 00
(Ö) Mi–So 10–23 Uhr
www.restaurant-heuser.de

HINWEISE

Führungen im Altenberger Dom
Anmeldung montags bis freitags
9 bis 12 Uhr
Tel. 02174/45 33

Wasserspiele „Die tanzenden Fontänen"
und „Deutscher Märchenwald"
Tel. 02174/404 54

AUSKUNFT

Gemeinde Odenthal
Tel. 02202/710-0

WWW.

www.odenthal.de
www.altenbergerdom.de
www.vka-altenberg.de
www.landschaftundgeschichte.de

WEGVERLAUF

1 – 5 anfangs Jakobspilgerweg, dann „Bergischer Weg"
5 – 6 „A 2/4"
6 – 7 keine
7 – 10 Winkel 8
10 – 11 keine
11 – 1 „A 1"
2 – 12 – 3 Variante
4 – 8 Abkürzung
9 – 12 Abkürzung
10 – 2 Variante

TOUR 10

Auf dem Pilgerpfad

Von Altenberg ins Tal des Eifgenbachs

Nach Altenberg und in den Märchenwald: Das war der klassische Spaziergang in den 1950er-Jahren, von Mülheim mit dem roten Bus der „Wupper-Sieg", von der Endstation der „G" in Bergisch Gladbach auch zu Fuß. Wer hatte damals schon ein Auto?

Ein kleines Foto mit dem Altenberger Dom im Hintergrund beweist den Ausflug auch noch nach Jahrzehnten; lebendig blieben die Erinnerungen an die Zwerge und die Wasserspiele ohne jedes Souvenir: Die „Leichte Kavallerie" mit hüpfendem Strahl, als habe der Wiener Kapellmeister Franz von Suppé mit seinem Dirigentenstab wie Moses an den Fels geklopft. Das alles liegt schon märchenweit zurück: Es war einmal.

Damals wussten wir natürlich noch nicht, dass ein halbes Jahrtausend zuvor auf jenem Wegstück, das wir uns für heute vorgenommen haben, Jakobuspilger eine regelmäßige Erscheinung waren, unterwegs zum Grab des Apostels Jakobus d. Ä. in Santiago de Compostela. Heute wird daran erinnert: Vor dem Westportal des „Doms", der gar kein Dom, zumindest keine Kathedrale, keine Bischofskirche ist, steht eine jener Stelen, die an den wiederhergestellten Pilgerweg erinnern. Das Kloster Altenberg, der erste romanische Bau, mehr noch der gotische Blickfang im Herzogtum

Berg des 14. Jahrhunderts, war stets und für jedermann eine willkommene Station.

Seit der jüngsten Restaurierung (1994–2006) sieht das bauliche Herzstück des Bergischen Landes wieder so aus wie schon im späten Mittelalter. Den Märchenwald dagegen treffen wir ganz unverändert an, als habe er für viele Jahre im Dornröschenschlaf gelegen.

Wir machen uns am alten Kloster auf den Weg und finden gleich das 1
Jakobsmuschelzeichen des Jakobspilgerwegs. Da wir in Gegenrichtung laufen, orientieren wir uns leichter an dem orangefarbenen Zeichen des „Bergischen Wegs“: vorbei am „Altenberger Hof“, durch das barocke Tor und über die Dhünn, „ante portam super Duynam fluvium“, wie die Chronik des Klosters besagt. Dem Querweg vor der Böschung folgen wir dann rechts, dem Lauf der Dhünn entgegen, an einem Steinbruchloch vorüber, an Rotkäppchen vorbei, zum „Deutschen Märchenwald“. Mögen andere Wälder gewachsen sein: Dieser ist „erbaut“, und zwar im Jahre 1931. So steht es stolz in rotem Sandstein. Und erbaulich ist er auch.

Hier ist noch alles so, wie wir es aus der Kindheit kennen: Dem Dukatenesel
reicht noch immer nicht ein „Bricklebrit!“, er besteht auf Geld. Drinnen 2
tanzen stündlich die Fontänen. Wir gehen weiter, sacht bergab, rechts mit dem „Bergischen Weg“ und in der Biegung vor der Brücke wieder an die Dhünn heran. Ihren Lauf begleiten neue Kilometersteine, Pyramidenstümpfe der „Regionale 2010“, die ein wenig groß geraten sind. Sie stehen nun wie „Drachenzähne“, Panzersperren aus dem Westwall, in der Landschaft herum. Oben verzeichnen sie den Fluss und den jeweiligen Standort, an der Seite die Kilometerzahl – von der Mündung aus gerechnet. Wir wandern noch 300 Meter weit an der Dhünn, dann führt unser Pfad dem Lauf

Altenberger Pilger

des Eifgenbachs entgegen. Auch er hat einen Kilometerstein: Bei Kilometer 20,3 passieren wir eine hölzerne Brücke, eine Furt, zwei Zulaufbäche und eine Hütte oberhalb des Wegs.

3

An dieser Stelle hatten schon die Altenberger Mönche eine Wiese „super ripam Eyffgen", vielleicht dieselbe, die wir gegenüber mit der Handvoll Rinder sehen. 1133 waren sie zu zwölft nach Altenberg gekommen, das damals noch gar nicht so hieß, sondern „Berge"; zwölf Jahre später zogen sie vom Hang hinunter in das Tal der Dhünn und begannen mit dem Bau des neuen Klosters, und wieder 50 Jahre später, 1195, hieß die verlassene Stammburg der Grafen von Berg, die bald zum Steinbruch wurde, Altenberg: mons vetus. Der zisterziensisch strengen Vorschrift ihres Ordens war die Abgeschiedenheit der Stätte eben recht. Erst bei der Aufhebung des Klosters 1803 verließen 26 Mönche, mehr als 100 Laienbrüder und der Abt das stille Tal.

Eifgenbach

3

Von rechts stößt nun der Eifgenbachweg hinzu, als weiße „5" auf rotem Grund markiert (sowie als grün-weißes Zeichen) und so am besten zu entdecken. Seinem Zeichen folgen wir nun kilometerweit dem Eifgenbach entgegen, nur anfangs auch noch dem „Bergischen Weg".

Das Tal des Eifgenbachs ist eines der reizvollsten Täler im Bergischen Land, noch immer scheinbar abseits vom geschäftigen Betrieb der Welt, auch wenn die Straße, die sich erst vor Dabringhausen auf die Höhe schwingt, mitunter gut zu hören ist. Fossiliensammler schätzen die Versteinerungen in der feingekörnten Grauwacke der Felsaufschlüsse an der Böschung, und Botaniker staunen vielleicht, wie viele Moose hier gefunden worden sind: nicht 9, nicht 19, sondern 198 Arten!

Nach knapp 500 Metern erreichen wir ein Wegedreieck und orientieren uns an einem metallenen Würfel, der oben eine Kartenskizze trägt und uns noch oft begegnen wird: Hier verlässt uns der „Bergische Weg" nach links mit „A 4", während wir dem Eif-

Zur Eifgenburg

4

genbach und seinem bunt markierten Wanderweg die Treue halten. Wo sich gleich darauf der Weg verzweigt, halten wir uns links und oben. Bald kommt von rechts der Pfad wieder hinzu, und wir passieren eine Stelle, an der der blanke Felsen angeschnitten ist: Hier lesen wir von Rippelmarken und dem „Bergischen Meer".

Rechts des Wegs ist das Gelände von einer doppelten Hecke umgrenzt und durch einen Zaun gesichert: Dort lag einmal der alte Bökershammer, und seit 2013 ist das Grundstück, 80.000 Quadratmeter groß, wieder bewohnt. Wenige Meter weiter finden wir bei einer Sitzgruppe die Hinweis-Stele auf die „Eifgenburg", und nur einen Steinwurf weiter weist das Zeichen des Rundwegs „A 2" uns den Weg nach links hinauf. Wir gehen vor dem Wasserlauf des Bökershammer Bachs links hinauf bis an die Wallanlage, wo es höher nicht mehr geht. Man weiß nur wenig über diese Hügelburg, nicht einmal, wie sie hieß. Denn „Eifgenburg" ist der moderne Name, der helfen soll, die deutlich erkennbaren Spuren des 11. Jahrhunderts vor dem Geiste des Betrachters wenigstens zu Festungsmauern aufzurichten. Es muss ein großes und besitzendes Geschlecht gewesen sein, das diese Burg besessen hat: Das ungleichmäßige Oval der Ringmauer maß 220 Meter, der hohe Schildwall, der die Burg auf ihrer schwachen Seite schützte, hatte eine Steinmauer als Kern, die 1,60 Meter stark war. So viel Aufwand konnte längst nicht jeder treiben. Drei Kilometer weiter südlich liegt Burg Berghe, die Stammburg des späteren Herzogtums Berg, der Nabel des Bergischen Landes. Ob die Eifgenburger Ritter für die Berger

Herren gute Nachbarn oder lästige Rivalen waren, war bisher auch nicht mit Grabungen zu klären. Die Berger wurden stärker mit den Jahren, also werden sich die Eifgenburger ihnen angeschlossen haben. Man weiß nicht einmal, wann und wie die Burg verlassen worden ist: Zwar gibt es Spuren eines Feuers, aber ob die Burg durch Brand erobert wurde oder ob die Spuren aus der Zeit der Rodung auf dem Bauplatz stammen, ist noch immer nicht entschieden. Wir umwandern einmal das Oval der alten Burg, entdecken auf der abgeflachten Feldseite einen Acker und steigen nach dem Rundgang wieder ab, zurück bis an den Weg im Tal des Eifgenbachs.

Unser Weg schwenkt nun rechts. Gleich vor dem Zugang zum Bökershammer steigen wir links mit 17 Wanderwegzeichen hinauf, kommen über einen Bergsporn hinweg und steigen in der Böschung wieder ab. Ein Stück weit sichern Ketten den Pfad, dann sind wir wieder nah am Bach und gehen weiter seinem Lauf entgegen.

Keine 200 Meter weiter kommen wir auf einer Brücke über einen Mühlgraben und einen Steinwurf weiter auch über den Bach. Doch vorher bleiben wir diesseits des Eifengenbachs und erkunden das Gelände dieser alten Industrieruine mitten im Wald, an deren Ende wir zwei alte, große Eiben finden. Die beiden Veteranen im dunkelgrünen Nadelkleid gelten als die Wahrzeichen des ganzen Tals, obwohl sie doch so offensichtlich Fremde sind: Bis hierhin erstreckte sich der Bökershammer vom Beginn des 18. Jahrhunderts. Es war ein Fabrikant aus Remscheid, Clemens Böker, der hier, weil er im nahen Morsbach- wie im Eschbachtal für einen Eisenhammer keinen Raum mehr fand, ein Hammerwerk kaufte.

Daneben baute er ein Wohnhaus und legte einen Garten mit den beiden Eiben an. Bis weit ins 19. Jahrhundert war das Werk noch in Betrieb, zuletzt als Fruchtmühle. 1853 enden die Berichte. Zu Beginn des 20. Jahrhunderts stand nur noch das Wohnhaus da, der Hammer war Ruine. Der letzte erwähnte Bewohner war ein Tanzlehrer und Musikant mit Namen Wilhelm Steffens. Er betrieb hier eine Art von Tanzschule mitsamt Lokal, heute würde man vermutlich „Disco" sagen, ein ziemlich übel beleumdetes Etablissement. Und zwischen diesen beiden Eiben soll der Eingang in sein Reich gelegen haben.

Zurück zur Brücke, überqueren wir den Eifgenbach und folgen weiter seinem Weg, erst rechts und dann im Schwenk nach links, dem Wasserlauf entgegen und hinauf, sodass wir bald die beiden Eiben wiedersehen, nun von oben. Der bequeme Weg in der Böschung misst jede Windung des 5
Gewässers nach. Dann bringt er uns mit allen Zeichen (außer dem des Jakobspilgerwegs) hinab auf das Niveau des Bachs, über einen Felsen hinweg und gleich danach über eine robuste Holzbrücke auf das andere Ufer. (Der Jakobspilgerweg bleibt hier auf dem Weg in der Böschung).

Minutiös

Neben einer Stele mit Auskünften zur Jungsteinzeit stoßen wir auf einen Weg, der den Bach auf seiner rechten Seite begleitet, und wandern ihm hier weiterhin entgegen. Nach etwa einem halben Kilometer passieren wir das alte Wehr der Burscheider Talsperre von 1906, schon damals mit einer Fischtreppe versehen, denn der Wermelskirchener Lachs war einst eine Delikatesse. Der Stausee im Talgrund des Eifgenbachs lieferte im 20. Jahrhundert Trinkwasser für Burscheid, erst mit dem Bau der Dhünntalsperre wurde er entbehrlich und zurückgebaut. Wir wandern nun am Rand des Wiesentals, das einst der Stausee war, bei einer der metallenen Orientierungsskizzen über einen Siefenlauf hinweg. Nur wenig später geht es rechts in die Bachaue und neben einer Furt zum letzten Mal über den Bach hinweg. Wir steigen 6
in einem felsigen Hohlweg nach oben, bis wir den breiten Weg erreichen, den der Jakobspilgerweg genommen hat.

So kommen wir das letzte Stück im Bachtal ohne Steigung weiter, zum letzten Mal der weißen „5" auf roter Tafel auf der Spur. Nach einer rot-weißen Schranke erreichen wir das Wegedreieck vor dem Hottenbach, an dem wir uns neu orientieren. Wir verlassen nun das Tal des Eifgenbachs, dessen Weg halb links dem Fischteich an der alten Markusmühle
7 („0,3 km") zustrebt, und folgen rechts dem Weg „A 3" und „E 3". Es geht den alten Karrenweg hinauf, zum Wald hinaus und neben einer Weidefläche bis nach Limmringhausen auf der Höhe.

8 Dort verlassen wir den Wanderweg und gehen geradeaus bis an die Landstraße heran. Wir queren sie und gehen neben ihr nach rechts, nach 40 Metern biegen wir dann gegenüber Haus 4 nach links in die Anliegerstraße hinein, wandern hinab und vor der großen grauen Scheune wieder links, nach 150 Metern zwischen den Häusern 33A und 29 wieder links und folgen dann dem ruhigen Fahrweg nach rechts, zum Ort hinaus und durch das Weideland hinab.

Nach der malerischen Enge im Eifgenbachtal genießen wir den freien Blick und auch den Wind, der auf der Höhe bläst. Bald führt der unmarkierte Fahrweg uns durch einen kleinen Wald, dann geht es an Gut Steinhausen vorüber, das in bergischem Barock mit Schieferfronten, grünen Läden und wetterfest lackierten weißen Balken als ein großes „U" um seinen Hof errichtet ist. Hier führt der Fahrweg uns in einer Kehre abwärts, durch die Wiesen und zuletzt bis an die Dhünn. Rechts liegt leicht erhöht Haus Haniel, einst das Jagdschloss eines Industriellen und Händlers en gros, seit 1955 offiziell „Maria in der Aue", einst eine kirchliche Tagungsstätte, nunmehr ein Hotel und eine günstige Gelegenheit zur Rast.

Hänsel und Gretel

Den Aufstieg der Haniels zu Großindustriellen fasste der Autor Josef Wilden 1951 in seiner Unternehmer-Hagiografie „Gründer und Gestalter" eher fasslich als passend in ein Bild der Natur: „Aus einem

Wo steckt der Wolf?

kleinen unscheinbaren Reis entwickelt sich ein mächtiger Baum, dessen Wipfel weithin seine Früchte spendet." – Von selbst gewachsen ist das freilich nicht: Mit einer Kohlenhandlung, „Haniel und Cie", begann es 1803. Bald kamen Hüttenwerke hinzu, Schifffahrt und Handel, dann eine Werft, ein Walzwerk, schließlich eine Reederei. Das liest sich wie ein Schaustück aus dem „Deutschen Märchenwald", wo der Kater sich im Kreis um seine Mühle dreht: Das gehört alles dem Grafen. Nur der Müllerbursche war kein Graf und die Bürgerlichen mochten noch so tüchtig schaffen – Grafen waren sie noch lange nicht. Man rief sie „Schlotbarone", doch das war eher schon ein Schimpfwort. Titel konnte man nicht kaufen, Schlösser schon. Und so ließ Karl Haniel ab 1927 hier im Wald ein Schloss errichten für die Jagd mit lieben Gästen, 60 über 40 Meter groß, mit allem ausgestattet, was sich denken und gebrauchen ließ, mit Schwimmbad, Kegelbahn und Tennisplätzen, auch reichlich Land ringsum: Steinhausen gehörte dazu, die Hofstatt mitsamt Gärtnerei sowie der Lauf der Dhünn vom Eingangsportal bis zum Forstamt, wo wir bald den Fluss verlassen. 450 Handwerker bauten hier im Sinne des Barock. Alt freilich wurde niemand als Bewohner: Bald kam es an die Herren einer neuen Zeit, die Nazis lehrten hier die Kunst des rechten Kinderhütens, dann ließ es sich der Gauleiter gefallen, hier zu wohnen, wie nach ihm der alliierte Kontrollrat, später die Landesregierung. Geschichte ließ sich so am Klingelschild studieren. Seit 1956 diente „Haus Haniel" dem kirchlichen Familienwerk und seit dem vollständigen Umbau 1996 als Tagungshotel.

Wir überqueren unten mit Weg „N" die Dhünn, vorbei am Kilometerstein „23,4" und folgen nun dem Fluss fast lückenlos bis an das Ziel („E 3", „N"). 9
Es geht vorbei an Kilometer 22,9, vorüber auch am alten Forsthaus Aue und lange weiter durch den Wald und das Helenental, in dem bis weit ins

19. Jahrhundert viele Pulvermühlen lagen, bis wir bei Flusskilometer 21,5 mit dem schönen Fachwerkhaus der einstigen Pulverfabrik Aue den Wald verlassen haben und auf einen asphaltierten Querweg stoßen. Ihm folgen wir nach rechts, hinweg über die Dhünn und am Fuß der Böschung weiter bis an den Schöllerhof (Kilometer 20,8) und an die Landstraße heran. Hier endet Weg „E 3" und es beginnt der „Eifgenbachweg" mit weißer „5" auf rotem Grund. Wir überqueren die Straße mit Vorsicht und folgen ihr nun unterhalb des Fahrdamms ein Stück nach rechts, gut 200 Meter weit bis in die Biegung, und nehmen dann den Weg halb links bis an den Eifgenbach heran. Dort an der Brücke haben wir den Rundweg hinter uns gebracht. Jetzt geht es, wieder mit dem „Bergischen Weg", zurück, so wie wir angefangen haben. Denn die Sonne ist inzwischen auch gewandert und gewährt uns neue Bilder auf die Dhünn, die Wiesen und den Altenberger Dom.

INFORMATION

CHARAKTER
Herrliche Bachauenlandschaft, kaum Asphalt, gut geeignet, um der Sommerhitze zu entgehen

ANFAHRT
Von Köln Hbf. mit S11 bis Bergisch Gladbach, *www.bahn.de,* dort mit Bus 430 bis Herzogenfeld, dann mit Bus 238 bis Altenberg, *www.wupsi.de*
Mit dem Auto A 1 bis AS Burscheid, Altenberg liegt abseits der B 51 an der L 101 Odenthal-Dabringhausen. Parkplätze im Klosterbereich sind begrenzt und gebührenpflichtig, frei ist der Wanderparkplatz an der Umgehungsstraße sowie der Parkplatz „Am Rösberg" abseits der Straße nach Blecher.

NAVI-EINGABE
N 51.053338, E 7.128501

DAUER / LÄNGE
3–4 Stunden / 13 km

WANDERKARTE
Das Bergische (Hg.): Wanderkarte Bergisches Land, Maßstab 1:25.000 (= Karte 2: Nordwesten) 2015

VARIANTEN
Vgl. Karte

GASTHÄUSER
Altenberger Hof
Eugen-Heinen-Platz 7, 51519 Odenthal
Tel. 02174/49 70
(Ö) tägl. 6.30–23 Uhr
www.altenberger-hof.de

Gaststätte Küchenhof
Carl-Mosterts-Straße, 51519 Odenthal
Tel. 02174/414 13
(Ö) Di–So ab 11 Uhr
www.gaststaette-kuechenhof.de

Hotel-Restaurant Wisskirchen
Am Rösberg 2, 51519 Odenthal
Tel. 02174/671 80
www.hotel-wisskirchen.de

Café-Restaurant Märchenwald
Märchenwald, 51519 Odenthal
Tel. 02174/404 54
(Ö) 1. Mai–31. Okt. tägl. 9–18 Uhr

Haus Maria in der Aue
In der Aue 1, 42929 Wermelskirchen
Tel. 02193/505-0
(Ö) Mo–Sa 12–15 Uhr und 18–22 Uhr, So 12–15 Uhr und 18–20 Uhr

HINWEISE

Direktvermarkter: Thomashof
Hammerweg 69, 51399 Burscheid
(oberhalb des Böckershammers)
Tel. 02174/612 68

Führungen im Altenberger Dom
Anmeldung montags bis freitags
9 bis 12 Uhr
Tel. 02174/45 33

AUSKUNFT

Gemeinde Odenthal
Tel. 02202/710-0

Stadtverwaltung Wermelskirchen
Tel. 02196/710-0

WWW.

www.odenthal.de
www.wermelskirchen.de
www.altenbergerdom.de
www.vka-altenberg.de
www.landschaftundgeschichte.de
www.jakobsweg.info

WEGVERLAUF

1 – 4 „Bergischer Weg“

3 – 7 „Bergischer Streifzug 5“, alternativ Jakobspilgerweg

7 – 8 „E 3“, „A 2“

8 – 9 keine

9 – 10 „E 3“

10 – 3 „Bergischer Streifzug 5“

3 – 1 „Bergischer Weg“

TOUR 11

Verhexte Gegend

Nach Odenthal

Udo war der Sohn des Grafen Gebhard von Franken. Der hatte es durch treue Dienste an einem Kind auf dem Königsthron bis zum Titel eines Herzogs von Lothringen gebracht und außerdem zu Ländereien fern am Rhein, wo fast schon Nifelland beginnt. Gesehen hatte Gebhard die Besitzung nie; erst Udo zog den Rhein hinab und gab Befehl, im Tal der Dhünn zu siedeln. Das war nach 910, als Gebhard fern im Ungarnland gefallen war. Nach der Rodung wurde die sumpfige Aue noch trockengelegt, und das war offenbar die größere Leistung, denn nach ihr erhielt der Ort seinen Namen: „Udin-darre" (Udos „Dörrland" oder Drainage, wenn man so will). Dabei blieb es, und so heißt der Ort noch heute: Odenthal, nicht etwa Odenrath.

Im 17. Jahrhundert kam dann allerdings ein böser Vorname hinzu, der dem Kirchspiel heute noch anhängt: Hexen-Odenthal. „Sie breeten zu Ohnder / die Hexen wie Hohnder", reimten damals lakonisch die Nachbarn: „In Odenthal brieten sie die Hexen wie die Hühner." Und das war wohl nur wenig übertrieben. Allein im Jahre 1602 wurden in Bensberg fünf Odenthaler Bürgerinnen gefoltert, erwürgt und verbrannt, und 1612 war das sogar dem Schultheiß zu viel, und er beschwerte sich, und zwar schriftlich:

nicht wegen der Hexen, aber wegen des Waldfrevels, wenn wieder einmal Eichen zu Scheiterhaufen zersägt werden sollten.

In den meisten Sagen erkannte man die Teufelsbuhlerinnen daran, dass sie auf Kommando Mäuse ohne Schwänze zaubern konnten; im wirklichen Leben war es noch einfacher: Da waren sie entweder besonders alt und hässlich oder, umgekehrt, besonders jung und schön: beidesmal irgendwie anders als man selbst, und das wird auch der Grund des ganzen Hexenwahns gewesen sein.

Die schöne Kirche heben wir uns für die Rückkehr auf, vorerst interessiert uns hinter ihr der „Hexenbrunnen" des Bildhauers Walter Jansen, der 1988 auf dem Hans-Klein-Platz zwischen Kirchturm und der Dhünn errichtet worden ist, um jener Odenthalerinnen wie Scheuers Tring zu gedenken, die wegen ihrer Hexenkünste rund um einen solchen Kessel („Schmierpott") hingerichtet wurden, jene Katharina Güschen 1613. Fünf Fabelwesen tragen den Pott, dessen Wasser wallend den finalen Werdegang der Hexen auf dem Rand verschleiert: vom Hexenwirken übers Halsgericht mit Folterzangen, Streckbett bis ins Feuer. An der kleinen Fachwerk-Atelierscheune ist der ganze Spuk erläutert und als „Progrom" benannt: politisch korrekt, nur orthographisch leider falsch. „Liebe Hexe Kaukaukau, hau mir meine Nase blau!": Das lasen wir in ungelenker Kinderhandschrift auf den Brettern einer Bank, als wir den Weg zuallererst erkundet haben. So schön, als sei es glatt erfunden, und doch bloß aufgelesen unterwegs. Die Kinder haben mit Hexen meist keine Probleme.

Bergischer Durchlass

Hier beginnt unser Weg. Wir wandern längs der Dhünn vorüber an der Polizei und dann zum weißen Rathaus von 1873 am Kreisverkehr. Hier überqueren wir die Straße vor dem „Herzo- 1 genhof", wo einst der Herrenhof des Grafen Udo stand. Dann folgen wir der „Bergisch Gladbacher Straße" („A 2")bis hinter das schöne Fachwerkhaus Nr. 5 und nehmen links die stille Straße „Herzogenfeld". Jenseits des Sträßchens „Kleiner Kamp" kommen wir in den Wald und mit den Wegen „A 2" und „A 3" links und gleich bergauf. Der schmale asphaltierte Weg führt uns oben an den Friedhof. Vor der Straße halten wir uns links bis an das Ende des Wanderparkplatzes, dann gehen wir jenseits der Straße zwischen Streuobstweiden mit der befestigten Zufahrt hinunter nach Selbach („A 2", „A 3").

2 Der Weg taucht durch die Mulde des Siefens und führt dann zwischen Mist und schönem Fachwerk wieder hinauf. Bei dem nächsten Wohnhaus knickt die Fahrspur rechts, doch unser Pfad („A 2", „A 3") führt kaum erkennbar weiter geradeaus, hart am Rand der Quellmulde, die neben uns von Fichten gesäumt ist. Rechts neben uns die Böschung mit dem Weidezaun. Wo dann die Lichtung mit der Weidefläche endet, knickt unser Pfad („A 2", „A 3") im spitzen Winkel rechts und läuft nun schön am Oberrand des Weidelands entlang. Nach etwa 100 Metern geht es dann im sachten Bogen in den Wald (nicht spitzwinklig nach links, wo auch ein Weg verläuft!), und wir wandern weiter mit dem gut markierten Weg hinauf. Zum Tal hin stehen Fichten, zur Linken leuchtet hoch das Laub. Nach knapp 200 Metern schwenkt der Weg deutlich links und bringt uns weiter sacht hinauf. Im Rechtsschwenk dann nach rund 300 Metern vereinigt er sich mit dem Weg, den wir vorher ignoriert haben, und wir erreichen auf der flachen Höhe mit Fichtenwald und altem Windwurf Oberkirsbach: zunächst nur ein Gatter von ferne, dann etwas Fachwerk und schließlich der Traum vom Leben auf dem Land als Wirklichkeit, ein Wohnhaus hinter

Schöne Romanik: St. Pankratius

... links entlang

einem Nussbaum, ein Häuschen für den Brunnen mit Hortensien, ein weiteres daneben, offenbar ein alter Backes, dazu „ein bisschen Hund" mit freundlichem Benehmen. Und zu dem allen kommt der wunderbare Blick: Voiswinkel gegenüber, in der Ferne Köln mit Hochhäusern, Kirchen und Schloten, dem Dom im Dunst und dem Fernmeldeturm.

Wir folgen hier dem asphaltierten Weg nach rechts und die sanfte Böschung hinab (weiter „A 2/3"). In Unterkirsbach hängen harte Äpfel in den Zweigen und wären so gerne Bratäpfel geworden. Vor der tief gekerbten Mulde am Waldrand schwenkt der Weg nach rechts und führt an 3
die Talstraße im Scherfbachtal heran. Hier liegt das alte Höffe, das neben einem Odenthaler Hof auch einen zweiten hatte, der zum nahen Rittersitz von Scherf gehörte. So kam der Weiler an den Namen mit dem Plural, dem heute noch zwei Ausflugslokale entsprechen: der „Höffer Hof" und der „Forellenhof". Dicht neben dessen Becken berühren wir bei den Erlen am Ufer die Straße, wo sie den Scherfbach überquert, und steigen gleich auf Trittstufen aus Grauwacke links wieder in den Wald (Wanderweg 8 des Kölner Eifelvereins, Winkel in Richtung der Winkelspitze, daneben auch „A 1" und „A 2").

Es geht zunächst durch Laubwald mit einzelnen Kiefern darunter. Vor dem Fichtenwald schwenkt der Weg ein Stück nach links, steigt nach etwa 100 Metern rechts auf den Rücken des Bergs und folgt ihm links und stets bergauf. Nach knapp 400 Metern schwenkt der Weg dann rechts, schließlich vorüber an einer Weide im Wald und bringt uns oben und im Schwenk zuletzt bis an die Straße, wo uns der Weg mit dem Winkel und „A 1" nach 4
rechts verlassen.

Hier geht es nun mit dem „A 2" nach links, vorbei an den wenigen Häusern von Hunger, wie früher die Nachtweide hieß für das Vieh. Wir kommen mit dem Fußweg neben der Straße schließlich wieder in den Wald. Nach 150 Metern folgen wir der Einfahrt in den Wald, überqueren mit „A 2" den kleinen Waldparkplatz und wandern halb rechts weiter auf einem feingestreuten Weg, den Hochwald zur Rechten, zur Linken Gehölz, und über die flache Höhe hinweg. Beim Wiedereintritt in den Hochwald, 300 Meter nach der Straße, halten wir uns mit den gut markierten Zeichen rechts, kreuzen die Schneise der Ferngasleitung und folgen lange dem „A 2" am Rande der Geländekerbe, sacht hinab. Der Buchenhochwald geht in Fichten über, es geht vorbei an Birken, Ebereschen, Brombeerhecken, am Ende nur durch braunes Fichtenholz und immer noch bergab.

Nach einem leichten Linksschwenk erreichen wir endlich die Kreisstraße nach Scheuren. Rund 70 Meter folgen wir ihr nach links. Dann gibt es gegenüber eine Lücke im Waldrand, und unser Weg „A 2" führt hier als fein gestreuter Pfad hinab, um gleich darauf im Knick nach links der Straße abermals zu folgen bis an den Rand der freien Flur. Dort schwenkt er rechts und bringt uns im weiten Bogen durch den Wald hinab bis an das breite Tal der Dhünn.

Unten kommen wir bei einer rot-weißen Eisenschranke zum Wald hinaus und auf eine Lindenallee, die auch so heißt. Rechts führt ein asphaltierter Weg bis an das Tor des Strauweiler Schlosses. Der leuchtend gelb verputzte Rittersitz, 1395 den Rittern von Quade zum Lehen gegeben, ist in vielem noch so erhalten, wie ihn die Jahrhunderte gesehen haben. Selbst die Einstiegsluke ins Verlies ist noch am alten Platz. Der Wohnturm, von

Schloss Strauweiler

Oberkirsbach

vier Rapunzeltürmen gekrönt, geht vermutlich bis auf das 14. Jahrhundert zurück, denn 1416, anlässlich ihrer Zerstörung, wird die Anlage bereits erwähnt.

Wie seit Jahrhunderten ist das Schloss noch immer privater Besitz. „Einmal Prinz zu sein" wie Wicky Junggeburt, Prinz nur im Kölner Karneval: Das braucht der Eigner nicht zu singen, denn er ist's – Hubertus Prinz zu Sayn-Wittgenstein-Berleburg, Hausherr hier seit 1955. Wir wandern zurück und dann auf der Platanenallee halb rechts bis zur „Lindenallee" nahe der Straße. Am Pfarrhaus und an der verschieferten Marienkapelle von 1697 vorüber kommen wir geradewegs auf die romanische Apsis der Pfarrkirche zu. Mit der „Dorfstraße" erreichen wir das schöne Fachwerkensemble unter dem Turm, wir nehmen zuletzt den Weg durch den Durchlass im alten Küsterhaus und gelangen zum Kirchhof. 1

St. Pankratius ist eine der ältesten Kirchen im Lande, sie steht hier vermutlich seit dem 11. Jahrhundert; ein kleines Abbild ihrer Stiftskirche zu Kaiserswerth. Ein seltenes Prunkstück im Bergischen Land ist der Taufstein des 12. Jahrhunderts. Der größte Stolz von Odenthal hängt aber gut und gerne 20 Meter höher, den Blicken entzogen und nicht einmal zu hören. Die älteste Glocke im Turm ist vielleicht noch älter als die Kirche selbst, eine der ältesten am Rhein und wohl auch eine der ältesten der ganzen Welt.

Damals, als wir diesen Weg zum ersten Mal erkundet haben, stiegen wir hinter dem alten Küster, Wilhelm Kombüschen, über Stiegen, Dielen und Leitern nach oben in schwindelnde Enge, an der Orgel vorüber und vorbei an der Uhr, die schon auf einer Rechnung des 17. Jahrhunderts erwähnt ist, „aber immer noch so genau wie das Fernsehen", wie er stolz betonte. Geräumig war es nicht dort oben, denn um das alte Vierer-Geläute zu schonen, wurden 1981 zusätzlich vier neue Glocken aufgehängt. Der Besuch im Glockenstuhl war auch als Ausnahme gedacht. Die alten Glocken stammen alle aus dem Mittelalter, die älteste, leicht zu erkennen an der Bienenkorbform, gar aus dem 11. Jahrhundert. Auch der Klang soll ihr Alter verraten, aber wir erkannten nicht einmal, dass wir ein „gis" zu hören bekamen, als wir dem fleckigen Mantel mit dem Knöchel ein fernes Summen entlockten.

Der alte Küster ist nun schon Jahre tot und auch sein Nachfolger hat einen Nachfolger gefunden. Die alte Glocke hängt noch immer da, knapp eine Tonne schwer – und ganz und gar aus reinem Silber: So wussten es zumindest früher die Gerüchte. Die Kölner sollen der Gemeinde einmal sogar angeboten haben, den Weg von Odenthal bis Köln mit silbernen Talern zu pflastern, wenn sie dafür die Glocke bekämen. Aber, wie man sieht (und hören kann): Sie bekamen sie nicht.

INFORMATION

CHARAKTER

Vom „Hexendorf" über die Höhen ins Scherfbachtal und über die Höhen hinab – eine schöne kleine Runde am Rande des Bergischen Landes, zu verbinden mit allerlei Besuchsmöglichkeiten

ANFAHRT

Von Köln Hbf. mit S11 nach Bergisch Gladbach, *www.bahn.de*, dann mit Bus 430 bis Odenthal

Mit dem Auto A 1 bis AS Burscheid Odenthal, zahlreiche Parkgelegenheiten im Ort, kostenfrei am Schulzentrum im Süden Odenthals

NAVI-EINGABE

N 51.031100, E 7.117037

DAUER / LÄNGE

2,5–3 Stunden / 9 km

WANDERKARTE

Das Bergische (Hg.): Wanderkarte Bergisches Land, Maßstab 1:25.000 (= Karte 2: Nordwesten) 2015

VARIANTEN

Vgl. Karte

GASTHÄUSER

In Odenthal Ortsmitte zahlreiche; Sterneküche (und daneben eine unbesternte „Schänke") gibt es im

Hotel zur Post
Altenberger-Dom-Straße 23
51519 Odenthal
Tel. 02202/97 77 80
(Ö) Mi–Fr 18–22 Uhr, Sa/So 12–14 Uhr und 18–22 Uhr
www.hotel-restaurant-zur-post.de

Am Weg in Odenthal-Höffe:
Forellenhof
Scherfbachtalstraße 19
51519 Odenthal
Tel. 02202/95 95 27
(Ö) Sept.–März Mo/Mi–Fr 11.30–14 Uhr und ab 17.30 Uhr, Sa/So ab 11.30 Uhr, Apr.–Aug. Mi–Mo ab 11.30 Uhr
www.restaurant-forellenhof.de

Höffer Hof
Scherfbachtalstraße 8
51519 Odenthal
Tel. 02202/783 95
(Ö) Mo/Fr 11.30–14.30 Uhr und 17–23 Uhr, Di/Mi 11.30–14.30 Uhr, Sa/So 11.30–23 Uhr
www.hoefferhof.de

HINWEISE

Die Sayn-Wittgensteinsche Forstverwaltung auf Schloss Strauweiler verkauft Wildpret, Brennholz, Weihnachtsbäume und veranstaltet Feiern im Wald; Infos: Tel. 02202/97 78 70.

AUSKUNFT

Gemeinde Odenthal
Tel. 02202/710-0

WWW.

www.odenthal.de

WEGVERLAUF

1 – 2 vgl. Text; „A 2"

2 – 3 „A 2/3"

3 – 4 „A 1/2", Winkel 8

4 – 1 „A 2"

TOUR 12

Die Quelle im Schatten der Buchen

Rund um Herrenstrunden

Kleinvieh macht auch Mist und auch Zwergenkühe fressen Gras wie Heu. So dachte sich der Müller auf dem Berg zu Spitze. Nach dem Motto: Eine Kuh macht Muh, viele Kühe machen Mühe, packte ihn der Zorn tagtäglich, wenn er an die kleinen Kühe dachte, die ihm die Zwerge aus der „Quergskuhl", der Zwergengrube tief im Tal bei Herrenstrunden, des Morgens auf die Weide trieben, wo schon seine Kühe ihm die Haare vom Kopf fraßen. Deshalb, als ihm eines Tages eine der niedlichen Kühe zu nahe kam, schlug er mit dem Knüppel auf das Tierchen ein. Nach einer anderen Erzählung soll er das Tier auch geradewegs erschossen haben wie einst Wilhelm Tell den Landvogt, mit der Armbrust. Die Milch der frommen Denkungsart war ihm schon längst in gärend' Drachengift verwandelt. Da verwünschte ihn das Zwergenweiblein, dem die Kuh gehörte: „Schießt du mein Kühlein, die Brung, / soll springen der Bach dort zu Strung." „Strung" meinte „Strunde" tief im Tal. Noch in derselben Nacht wanderten die Zwerge aus, der Müller aber lernte die Lektion des Hexenweibs zu spät: Alles Räder stehen still, wenn dein starker Arm es will. Der Spitzer Mühlbach war versiegt, erst unten in Herrenstrunden sprang das Wasser wieder aus dem Berg.

Dann kamen die Johanniter, denen der Erzbischof Engelbert von Berg einiges an Land gestiftet hatte, und bauten im Bereich der Quelle eine Komturei, die Komturei der Herren Strune, zu der 27 Güter im weiteren Umkreis gehörten, dazu eine Kapelle für den Orden. Seit 1955 ist sie die heutige Pfarrkirche St. Johann Baptist von Herrenstrunden. Hier soll unser 1
Rundweg durch das Tal der Strunde und über die Höhe beginnen. Doch unser erster Gang gehört der Quelle: Auf der Hangseite des Parkplatzes folgen wir dem Wanderweg 9 mit der Raute nordostwärts und kommen gleich an die Strunde heran, die hier, kurz vor der Straße, zu einem flachen Tümpel gestaut ist, und wandern dann bachaufwärts weiter bis an die eigentliche Quelle. Ein „Siefenrundweg" mit gelb-blauer Markierung erschließt für den Interessierten das System der Karstquelle: Der Kessel um die Mulde ist aus Kalkstein aufgebaut, viele Wasseradern oberhalb versickern unterwegs auch ohne Zwerge und sammeln sich dann in dem Quelltopf, der offiziellen Quelle.

Das Becken ist halbrund in Stein gefasst, dort lesen wir die alte Inschrift: „Sprudelt, Segen bringende Quellen, die ihr speiset die fleißige Strunde."

Die junge Strunde

Ihr Fleiß ist sprichwörtlich geworden: Vinzenz Jakob von Zuccalmaglio, der sich als bergischer Heimatdichter „Montanus" nannte, rühmte sie als den fleißigsten Bach Deutschlands, 35 Mühlen zählt ihr Biograf Frank Schule („Die Mühlen der Strunde", 1979), am Wasser aufgereiht auf 20 Kilometern.

Lange schrieb man das ihrem erstaunlichen Gefälle von 200 Metern auf der ganzen Länge zu, die Stadt Köln kolportiert auf ihrer Homepage noch immer diese unsinnige Zahl: Doch da die Quelle bei rund 140 Höhenmetern liegt, die Mündung dann bei 46 und Wasser zwischendurch nicht aufwärts fließt, ergeben sich tatsächlich 94 Meter Höhendifferenz.

Seit dem 13. Jahrhundert hatte das Flüsschen zu tun, trieb Pulver- und Getreidemühlen, mahlte Gips und Tabak und half beim Spinnen und beim Sägen. Heute mündet sie in Buchheim in ein Rohr, früher aber wuchs einmal ein ganzes Dorf an ihrer Kraft: Mülheim. Am meisten haben ihr wohl die Papiermühlen in Bergisch Gladbach zu danken, darunter die von J. W. Zanders, die ihr 1956 diesen Stein gespendet hat. So wie der Stein das

Komturei

Wasser halbrund fasst, so schließt sich auch die hohe Böschung halbrund um die Karstquelle, von hohen Buchen überragt. Wir sehen, dass die Strunde wirklich aus dem Boden „sprudelt" oder strudelt, und eben davon hat sie ihren Namen. Wir sehen aber auch, dass dieses Becken nicht die „eigentliche" Quelle ist, denn wir entdecken neben ihr den dünnen Lauf eines Gewässers, das andernorts dem Kalk entsprungen ist, so wie rechts, zur Böschung hin, auch ein Zustrom in das kleine Becken zu erkennen ist.

1 Zurück am Parkplatz, wandern wir nun anfangs mit der Raute längs der Straße an der Komturei vorüber, die heute ein Reiterhof ist, vorbei an der
2 kleinen Pfarrkirche, bis uns das Wanderzeichen in den „Malteserweg" nach rechts verlässt. Nur ein paar Meter weiter biegen wir dann an der

Bushaltestelle links in den „Trotzenburger Weg" ein, der nach etwa 100 Metern an den letzten Häusern leicht nach links schwenkt und, für den Verkehr gesperrt, eingekerbt im Wald nach oben führt (als „A 4" markiert). Nach einem halben Kilometer, bei einem alten Grenzstein von 1605, geht es neben einer Sitzgruppe zum Wald hinaus und weiter durch die freie 3
Flur bergauf. Von rechts und aus dem Wald stößt hier der „Kölnpfad" zu uns und begleitet uns mit seinem Kreissymbol und einem Dreieckzeichen hinauf. Oben geht es durch die Hofstatt Trotzenburg hindurch mit Pferden rechts des Wegs.

Hinter der nächsten Biegung stoßen wir vor Spitze auf die Höhenstraße 4
(„Bensberger Straße") mit dem Wanderweg 4 (Winkel, der Weg ist weiterhin mit Dreieck und Kreissymbol markiert). Das ist seit 2008 der „Erna-Schreiber-Weg", benannt nach einer Wanderführerin des Kölner Eifelvereins, die bis in ihre Neunziger hinein zweimal wöchentlich bei Wanderungen führte. Ihm folgen wir ein Stück nach rechts, am engen Straßenrand entlang, bis an den Rand des Ortsteils Trotzenburg. Schon 40 Meter hinter dem Waldrand verlassen wir endlich die Straße und biegen rechts in den uralten Feldweg ein, der uns geradewegs auf die Kirchturmspitze von Herkenrath zu führt, mit sachter Steigung durch die Saaten, dann über die Höhe hinweg und dem Tal entgegen (Kreis, Dreieck, Winkel). Wo das Ackerland in Weideland übergeht, ist das Gelände steiler und der Weg führt nun im Bogen um den Hundeplatz „Gut Asselborn" herum und abwärts auf die 5
Straße „Asselborner Weg".

Ein Ritter Giselbert von Astelburne ist der erste nachgewiesene Anlieger, erwähnt auf einer Urkunde von 1294. Seine Mühle aus dem Jahre 1848 hat bis in die jüngste Gegenwart noch Dienst getan als Ausflugsrestaurant. Auch diese Zeiten sind vorüber.

Wir halten uns links und wandern mit dem „Asselborner Weg" (nun mit 5
dem Winkel des Wanderwegs 4) um das schöne Fachwerkhaus 75 herum („Herkenrath 1,3 km") und weiter bis nach Oberasselborn. Hier geht es nach 300 Metern mit dem weißen Winkel rechts in den Fahrweg „Bech", über den Asselbach hinweg und stetig aufwärts durch die Wie-

Maltesermühle

sen. Nach 300 Metern kommen von rechts, von Bech, weitere Zeichen hinzu, wir wandern mit dem Winkel weiter, nun nach links, vollends auf die Höhe und an einen Herkenrather Vorposten aus Einfamilienhäusern zur Linken heran, zur Rechten freie Flur (nun auch „A 3").

Vom Tal hinauf

Bald ist die Höhe überwunden, es geht am verschieferten Haus 4 und der Einmündung des „Breitenwegs" vorüber. Wir wandern weiter geradeaus und hinab. Am Fuß des Sträßchens stoßen wir gegenüber der Einmündung „Im Wiedenhof" auf den „Hombacher Weg" und folgen unserem Winkel sowie dem kleinen Hombach zu Tal, also rechts hinab („Herrenstrunden 2 km") bis an die Abzweigung nach Oberhombach, wo in der Böschung rechts ein altes Stollenmundloch weiträumig beschirmt ist, weil dort Fledermäuse heimisch sind.

Hier verlassen wir die Straße und folgen gegenüber dem Fahrweg „Oberhombach" mit dem Winkel, steigen durch die Hofschaft und wenden uns jenseits der Wohnhäuser nach rechts. So geht es zum Weiler hinaus und erneut aufs freie Feld. Vor uns haben wir den spitzen Turm der Kirche von Sand. Mitten in der freien Flur erreichen wir am nächsten Wegekreuz
6 den Bergischen Weg und abermals den Kreis des Kölnpfads. Mit beiden Zeichen geht es rechts und auf dem Feldweg sacht hinab, dem Wald entgegen.

7 Am nächsten Wegedreieck halten wir uns links und folgen einzig noch dem Zeichen des „A 3". So kommen wir in den Wald und damit ins

Naturschutzgebiet. Wo sich der alte Karrenweg nach kurzer Zeit vor einer gegabelten Buche selbst gabelt, bleiben wir rechts und wandern weiter mit „A 3“, lange auf dem Rücken hoch über der Strunde. Am Ende wird unser Weg auf dem Scheitel der Höhe zum Pfad, der uns neben einem Wasserlauf hinunterbringt. Dort folgen wir der „Dombach-Sander-Straße“ wie dem „A 3“ nach rechts, kreuzen an der Ampelanlage die „Kürtener Straße“ und wandern neben der Maschinenhalle der einstigen Papierfabrik 8
entlang bis an den Fuß der nächsten Höhe.

Hier nehmen wir dann links („200 m“) den schön gepflasterten Weg zur 9
„Alten Dombach“, der einstigen Papierfabrik von 1614, benannt nach einem alten Rittergut. Der Buchdruck und ein neuer Aufwand an Verwaltung schrien schon seit mehr als 100 Jahren nach Papier. Anfangs meist auf Italienisch, später immer mehr auf Deutsch. Seit 1582 schöpfte man Papier in Bergisch Gladbach, damals in der „Schnabelsmühle“, seit 1595 auch in der „Gohrsmühle“. Zwei Jahrhunderte nach ihrer Gründung aber war die Dombach, um eine „untere“ erweitert, der größte Hersteller im Ort, seit 1876 in die Fa. „J. W. Zanders“ integriert. In der ehemaligen Papiermühle kann man, „vor Ort“ gewissermaßen, alles ums Papier studieren, vom Formular bis zur Toilettenrolle sind die Belege ausgestellt. Beide machen jeweils 6 Prozent des Papierverbrauchs aus, 39 Prozent dienen als Verpackung, doch der größte Posten wird bedruckt: 42 Prozent, das meiste tagtäglich als Zeitung, Altpapier von morgen. Wer nur von draußen zuschaut, mag sich von der Schönheit der Gebäude täuschen lassen, zumal das Heimelige der Kulisse ins Biedermeierliche reicht: Doch die prächtig wiederhergestellten Fachwerkbauten erzählen nichts von dem Gestank der Lumpen, nichts vom Milzbrand aus dem Faserstaub und an die sozialen Randerscheinungen der Arbeit erinnert allenfalls von fern die vergoldete Uhr hoch unterm Giebeldach.

Wir bleiben rechts.

9 Vom Museum wandern wir zuletzt zurück bis zur Maschinenhalle, dann

Raucher-Ecke

links an ihr vorüber, sacht 8 steigend mit dem Zuweg des „Bergischen Wegs". Wo der asphaltierte Fahrweg links schwenkt, steht rechts eine Hinweistafel des „Geopfads" (Station 16: „Die Rifflagune"). Dahinter finden wir ein altes Steinbruchloch mit „Plattenkalken" der Bergisch-Gladbach-Paffrather Mulde. Rund 100 Meter wandern wir am Strunder Bach dem Fließenden entgegen.

10 Dann überqueren wir nach links den Graben auf einer Betonplatte und steigen in der Böschung aufwärts mit dem Winkel von Weg 8 (und „A 1"). Es geht auch hier an Steinbruchaufschlüssen vorüber, anfangs steil im Hang über der Strunde. Fast auf der Höhe stößt der Pfad auf einen breiteren Weg. Hier steigen wir nicht weiter, sondern gehen rechts, kommen so zunächst ein wenig abwärts, dann im Steilhang ohne Steigung bis an eine Gabelung. Hier halten wir uns links, hinauf, auf einem schmalen Pfad im dünnen Stangenwald. Dann öffnet sich der Blick, der Weg schwenkt unter hohen Buchen links und bringt uns vollends auf die Höhe.

Wo wir den Wald verlassen, sehen wir links die Gebäude des Igeler Hofs, Wohnsitz der Familie Zanders und bergisches Refugium des Kölner Komponisten Max Bruch (1838–1920) bei seiner Gönnerin und Seelenverwandten Maria Zanders. Unser schöner Weg verläuft am Waldrand weiter, bei einer Bank vorüber an der gewundenen Zufahrt zum Hof, und auf die ferne Höhenstraße zu.

11 200 Meter weiter, an der Kreuzung, halten wir uns rechts und kommen zwischen Grün und Acker in den Wald („A 1") und nun mit jedem Schritt hinab, auch hier an Spuren alter Steinbruchtätigkeit vorbei. Zur Rechten sehen wir im Tal Gut Schiff, einst eine jener alten Mühlen an der Strunde. Dort standen schon im 16. Jahrhundert eine Schleifmühle, eine Walkmühle, auch eine Ölmühle. 1761 erwarb die Ölmühle ein Pulverfabrikant und baute sie für seine Zwecke um. Zur Sicherheit ließ er fünf Jahre später nahebei ein Kreuz errichten, aus Lindlarer Gestein und für die Ewigkeit gedacht.

Es wirkte aber nur bis 1803, dann flog die Pulvermühle Schiff am 2. März, nachmittags zwischen vier und fünf, mitsamt dem Pulvermacher und dem Lehrling in die Luft. In den 80er-Jahren des vergangenen Jahrhunderts wäre Gut Schiff zur Gänze untergegangen: Ein Unternehmer wollte das ganze Tal ausbaggern, weil hier Dolomit zum Straßenbau zu holen ist. Der Plan war aber schließlich allzu toll, und Schiff verlor nur seine herrliche Kastanienallee, weil ein paar Bäume morsch und mürbe waren. Schon lange sind neue gepflanzt und mittelprächtig groß. Irgendwann wird wieder alles so sein, wie es einmal war: klar Schiff, sozusagen.

Wo dann die Wiesen von Gut Schiff zur Rechten enden, führt uns der tiefe Hohlweg unter hohen Buchen, zwischen Efeu und Ilex, zügig hinab und wir erreichen punktgenau den Ortseingang von Herrenstrunden. Noch vor 12
der Straße stoßen wir ein letztes Mal auf den „Bergischen Weg". Rechts liegt das ehemalige Freibad von Herrenstrunden, das „Altes Freibad" nur noch heißt und statt des Wassers mittlerweile lediglich einen „Beach" hat: einen Biergarten mit zünftigen Volleyballplätzen hinter dem alten Eingangsgebäude, das seit 1934 unter Denkmalschutz steht.

Wer rastet, der rostet.

Lohnend wäre hier ein kurzer Abstecher zur Burg Zweiffel und dem alten „Herkenrather Tor" des Dorfs jenseits der Straße. Dann geht es mit dem Sträßchen „In der Mühlenwiese" am Weiher entlang. Natürlich stand auch hier einmal eine Mühle, „Zwievels Schleifmüll". Später gab es hier zwei schwarze Schwäne. Sie waren eine Pracht, doch der Verwaltung waren sie ein Dorn im Auge: Sie passten erstens nicht zur Strunde, und zweitens trampelten sie Steuermittel platt, die schönen Anlagen rings um den Teich. Das Schicksal griff persönlich ein und ließ die beiden Schwäne sterben. Ohne fremde Hilfe, muss man sagen, sieht man ab von einem Hund.

Vom Weiher folgen wir dem kleinen Fußweg durch die Wiese, vorüber an der rundum blickdicht eingezäunten, riedgedeckten Maltesermühle,

Wassergraben Dombach

dem ersten Kraftakt der Strunde, schlappe 160 Meter 13 unterhalb der Quelle, und erreichen dann mit dem „Malteserweg" die Kirche, 2 die Komturei und den Parkplatz 1 vor der Quelle.

Eine Schlange, so heißt es in der Sage, soll noch immer in der Strunder Quelle leben, ein Fabelwesen mit einer goldenen Krone, das einst ein armes Kind mit einem Edelstein beschenkte, weil es seinen Brei mit ihm geteilt hatte. Den Sohn des Junkers von der Dombach aber, der ihr die Krone stehlen wollte, riss sie für immer in die Tiefe. Liegt in dieser Sage nicht die bürgerliche Lebensweisheit der Strunder Müller verborgen! Feudale Willkür führt auf geradem Wege ins Verderben: Das ist die Botschaft der Schlange, die natürlich die Strunde selbst ist. Wie man weiterkommt mit bürgerlichem Fleiß: Das hat sie ihre Anrainer schon früh gelehrt. Und dazu passt ein Wort von Brecht: „Damit ihr wenigstens in der Oper seht, dass einmal Gnade vor Recht ergeht."

INFORMATION

CHARAKTER
Vor den Toren der Großstadt bergische Traumlandschaft rings um das Tal der Strunde: von der Karstquelle bis zur alten Papierfabrik

ANFAHRT
Von Köln Hbf. S11 bis Bergisch Gladbach, *www.bahn.de*, dann mit Bus 426 bis Herrenstrunden, *www.vrsinfo.de*
Mit dem Auto B 506 nach Bergisch Gladbach, dann L 286 Richtung Spitze bis Herrenstrunden, Wanderparkplatz gegenüber Malteser Komturei

NAVI-EINGABE
N 51.008008, E 7.182573

DAUER / LÄNGE
3 Stunden / 11 km

WANDERKARTE
Das Bergische (Hg.): Wanderkarte Bergisches Land, Maßstab 1:25.000 (= Karte 4: Mitte) 2015

VARIANTEN
Vgl. Karte

GASTHÄUSER
Hotel Restaurant Malteser Komturei
Herrenstrunden 23
51465 Bergisch Gladbach
Tel. 02202/95 97 80
(Ö) Mi–So 12–15 Uhr und ab 18 Uhr
www.malteser-komturei.de

Dröppelminna
Herrenstrunden 3
51465 Bergisch Gladbach
Tel. 02202/325 28
(Ö) Mi–Fr ab 15 Uhr, Sa/So ab 12 Uhr
www.restaurant-droeppelminna.de

Altes Freibad, Biergarten
Kürtener Straße 339
51465 Bergisch Gladbach
Tel. 02202/979 59 62
www.altes-freibad.de

Im Papiermuseum: Café Alte Dombach
Alte Dombach 1
51465 Bergisch Gladbach
Tel. 02202/28 31 37
(Ö) Di–Sa ab 12 Uhr, So ab 10 Uhr

HINWEISE

Direktvermarkter: Gut Schiff,
Hans-Gerd Eyberg
Schiff 1, 51465 Bergisch Gladbach
Tel. 02202/321 20
www.gut-schiff.com

AUSKUNFT

Stadt Bergisch Gladbach
Tel. 02202/14-0

WWW.

www.bergischgladbach.de

WEGVERLAUF

- 1 – 2 Raute
- 2 – 3 „A 4“, „A 4“
- 3 – 4 Kreis, „A 4“
- 4 – 5 Winkel, Kreis
- 5 – 6 Winkel
- 6 – 7 „Bergischer Weg“
- 7 – 8 „A 3“
- 8 – 9 Abstecher Papiermuseum
- 8 – 10 Zugang „Bergischer Weg“
- 10 – 11 Winkel, „A 1“
- 11 – 12 „A 1“
- 12 – 13 „Bergischer Weg“
- 13 – 2 „A 2“
- 1 – 2 Raute, „A 4“

TOUR 13

Skalken, Phister, alte Hufe

Ins Scherfbachtal

Als der Graf von Berg den Abt samt Kloster Altenberg von seiner Steuerlast befreite, saß schon ein „Lambertus de Scherve" zwischen ihnen am Verhandlungstisch. Seither reißt die amtliche Erwähnung der Ritter aus dem Scherfbachtal nicht ab; noch 1460 werden sie von ihrem „Wilhelm von gotz gnaden" auf nun schon herzogliche Weise ausgestattet mit dem Fischereirecht „sonder Argelist". In Höffe standen ihre Höfe, ein wenig abseits auf der Höhe hatten sich in Schallemich die „skalken", ihre Diener, angesiedelt; ihr Hauptsitz heißt nach einem Herrn des 17. Jahrhunderts noch heute Amtsmannsscherf. Dem Land um Odenthal hat die Vergangenheit sich in die Namen eingeschrieben. So lässt es sich für Interessierte lesen wie ein Palimpsest, ein altes, abgeschabtes, neu genutztes Pergament, dass seine ursprüngliche Inschrift noch erkennen lässt.

Hier stand die Wiege des Bergischen Landes, hier ist altes Hufeland ringsum, und ebenda, bei Altehufe zwischen Romaney und Eikamp, beginnt auch unser Rundweg an der Höhenstraße. Die war einmal beim Volk bekannt als „Heerweg", auch wenn nicht nur Soldaten diese Route nutzten, auch Handeltreibende und Pilger; heute ist uns doch die amtliche Bezeichnung „Bundesstraße" lieber: B 506.

1

Am Wanderparkplatz an der Abzweigung nach „Straßen" mit einer Wegetafel des Sauerländischen Gebirgsvereins (SGV) folgen wir dem Zeichen für den Weg „A 4" in Richtung „Familie Esser", halten uns gleich hinter dem Parkplatz aber nicht links, sondern geradeaus auf dem als Sackgasse markierten Fahrweg, durchqueren rasch einen Fichtenriegel, und auf der Höhe laufen wir weiter auf die Hofschaft Straßen zu. Wir schauen weit ins Land hinein, zur Rechten bis nach Remscheid. Wo wir den Einzelhof erreichen, schwenkt der asphaltierte Weg am Strommast nach links, wir wandern weiter geradeaus auf dem gesperrten Weg („A 4"). So kommen wir am nahen Waldrand über einen ausgefahrenen Querweg hinweg und durch einen Streifen Wald: Rechts geht es zwischen Fichten tief hinab, links stehen dünne Buchen mit einzelnen Lärchen dazwischen.

Wieder im Freien, dreht sich der Weg gemach nach rechts und führt hinab, vorbei an einem Fichtensolitär am Querweg neben einer grünen Bank, und weiter auf das wuchtige Backsteingemäuer von Amtmannsscherf zu. Das war der Sitz der Ritter aus dem Scherfbachtal. Einer unter ihnen, Childerich von Scherf, soll einst mit seinem Kaiser in den Krieg im Morgenland

Blick von Scheuren

gezogen sein und kehrte nur als Sagenheld zurück: Seither wartet eine schöne Jungfrau weinend Nacht für Nacht am Turm auf ihren Liebsten – nur auf sein Versprechen hin, er werde wiederkommen. Dass selbst der heiligste der Kriege Opfer fordert, mochte sie Jahrhunderte hindurch nicht glauben. 1830 wurde dann die Burg durch einen Bauernhof ersetzt, der Turm verschwand beim Umbau 1860, die Hofanlage, wie sie vor uns steht, entstand dann 1864. Jetzt kennt man die treue Geliebte nur noch vom Hörensagen. Seit 2007, mit den dritten Eigentümern in seiner langen Geschichte, ist Gut Amtmannsscherf ein Reiterhof.

2 Wir gehen vom Hof auf der Zufahrt über den Scherfbach hinweg und an die Talstraße heran. Ihr folgen wir auf ihrem Fußweg für etwa 300 Meter nach rechts und nehmen dann am Rand des Auwalds die „Schallemicher Straße" in Richtung Eikamp. Abermals geht es über den Scherfbach hinweg und sacht hinauf, dann erreichen wir den Weiler Scherf. Von der langen Geschichte des Dorfs ist wenig zu ahnen, erst im Ortskern gibt es ein typisches Fachwerkensemble. Wir kommen ein wenig hinab und in der Linksbiegung am Umspannhäuschen vorüber. Dann steigt das Sträßchen wieder an und schwenkt am Ende scharf nach rechts. Ein Stück nur weiter gäbe es Gelegenheit zur Einkehr bei der„Lindenwirtin". Doch wir verlassen die Straße schon hinter der Abzweigung zu den Häusern 202–212 mit dem
3 blauen Fußwegzeichen in der spitzen Rechtskehre nach links und folgen hier dem asphaltierten Pfad nach links, der als „A 2" und als „A 4" bezeichnet ist, am Zaun entlang. An der Grundstücksecke knickt der Pfad zwischen Weidezäunen nach rechts und läuft nach etwa 100 Metern bei einem Drängelgitter mit einer Baumreihe nach links und wieder an die Scherfbachtalstraße heran.

Amtmannsscherf

Hier überqueren wir die Straße und den Bach und folgen vor dem hellen Mehrparteienhaus weiter den Zeichen „A 2" und „A 4" links dem Fahrweg „An der Scherf" ein Stück noch dem Scherfbach entgegen durch die Wohnstätte Klasmühle bis an die kleine Kapelle „Heilig Kreuz" von 1948 mit dem Wanderparkplatz gegenüber. „Wenn ich am Kreuz erhöht bin, werde ich alle an mich ziehen", steht über dem Altar. Hinter dem Kapellchen

Ortskern Scherf

geht es dann mit dem „Kapellenweg" nach rechts bergauf und durch den Ort, am letzten Hof mit der Kastanie davor im sachten Schwenk nach links und nun entschlossen auf die Höhe („A 2/4").

Der Fahrweg schwenkt im Bogen auf die Höhe von Scheuren, berührt erst rechts, dann links bei einer Bank den Waldrand und stößt am Ende nah dem Eingangsschild von Scheuren auf die Höhenstraße. Rechts geht es in den Ort. Wir passieren den Fahrweg „Zum Wirtsspezarder Hof", wandern weiter mit der Straße und stoßen dann, noch vor dem Gasthof „Heuser", an der Einmündung der Straße „Wirtsspezard" auf das Zeichen des „Bergischen Wegs", der uns nun für den Rest der Strecke begleiten wird (auch „X" und „A 2"). Hier gab es einst wirklich ein Wirtshaus, wenn auch keins im Spessart. Der Name kommt tatsächlich von den Vögeln im Walde und heißt so viel wie „Spechtshardt".

Wir gehen also rechts, vorbei am Kruzifix von 1730 unter Linden, folgen dem Schwenk des Wegs nach rechts und kommen an den Ortsrand. Wo

links die Bonsai-Schule „Schneider" liegt, sehen wir rechts, unter der großen Linde, die graue Scheune des untergegangenen Wirtsspezarder Hofs. Sie steht da wie ein letztes Denkmal für den Namen dieses Höhendorfs. Denn „Scheuren" meint natürlich „Scheunen"! Auch das prächtige Lindenspalier ist verschwunden, das damals vor der Scheune stand.
Dem ersten Querweg folgen wir nach rechts, hinüber zu der Linde mit dem Kruzifix der Familie Landwehr und einem Ruheplatz. Dann wenden wir uns auf dem Querweg links, hinab, auf einen dunklen Riegel Fichten zu. Wo der Weg auf den Wald trifft, knickt er nach links, führt anfangs am oberen Waldrand entlang, dann durch den Wald, hinab, und im Schwenk nach einem halben Kilometer, vor dem Scherfbach, wieder rechts und auf die Hofstatt Meute mit der alten Wassermühle zu. Nichts bellt an dieser „Meute". Der Name kommt von der „Muot", der künstlichen Erhöhung oder „Motte", auf der hier früh gesiedelt wurde. An die Vergnügungen der Müllerskinder erinnert noch ein ramponiertes Schild am Mühlenteich: Schlittschuhlaufen könne man hier nur auf eigene Gefahr.
Die Brücke bringt uns links und über den Scherfbach hinweg, dann geht es mit dem Fahrweg „Meutemühle" bei Pistershausen an die Talstraße heran. Dies war in alter Zeit der Sitz des „phisters", wie der Altenberger Klosterbäcker hieß.

Hinab ins Scherfbachtal

In Scheuren

Der „Scherfbachstraße" folgen wir 200 Meter nach rechts, dann nehmen wir den Fahrweg „Am Steinhauser Busch" nach links („Bergischer Weg", „X" und „A 2"). Es geht im Weiler Steinhaus aufwärts, dann wandern wir im Wald an einer Bachkerbe entlang und steil hinauf, oben um die Quellmulde herum, noch immer steigend durch die Doppelkehre, bis wir zuletzt den Wald verlassen. Die Höhe, die wir hier errungen haben, bleibt eine Etappe. Wir schauen bis zum Horizont, wo unser Ziel zu finden ist, dann geht es schon wieder hinab und bei einer Schranke an die kleine Kreisstraße heran in ihrer Biegung. Hier bleiben wir rechts auf dem gestreuten Pfad entlang der Fahrbahn, mit allen Zeichen bis nach Schallemich. Noch in der Kurve, vor dem ersten Klinkerbau, folgen wir der Sackgasse nach links und kommen mit dem Wanderweg noch einmal in ein kleines Tal. Unten in der Kehre bringt uns unser Wanderweg (auch „A V") geradeaus über den kleinen Käsbach hinweg, dann steigen wir mit dem Weg vor uns wieder an, am Sockel der Höhe und entlang am Lauf des Altehufebachs. So kommen wir im Rechtsschwenk aus dem Wald hinaus, hinweg über den Wasserlauf und in die alte Hofstatt Oberkäsbach mit Fachwerk, Backstein und Scheunen aus Holz, während keinen Kilometer weit entfernt, in Eikamp, noch immer wie im Wettbewerb gebaut wird. Kaum mag man glauben, dass „Eikamp" einmal die Weide meinte, die für sich allein und abseits lag.

Vor dem ersten verfallenen Gemäuer von Käsbach trennen sich die Wege: Der „Bergische Weg" schwenkt hier links und führt schon wieder neben einem Bachlauf aufwärts, am eingezäunten Rückhaltebecken vorbei und oben halb rechts durch das Neubaugebiet an die Kreisstraße heran. Die 5

Wege „X“ und „A 2“ steigen geradewegs durch Käsbach und bringen uns dann mit dem Fahrweg weiter aufwärts durch die Linksbiegung nach Altehufe, wo es längst kein altes Hufenland, doch wieder neue Wohnbauten und Kunststeinpflaster gibt, vorüber an dem Sträßchen „Auf dem Gleichen“, bis uns der „Oberkäsbacher Weg“ am Landmaschinenhandel
6 „Orth“ an die „Alte Wipperfürther Straße“ bringt, den alten Heerweg und die Bundesstraße vom Beginn, jetzt auch den „Bergischen Weg“. Rechts
1 sehen wir 400 Meter weiter schon den Parkplatz, bei dem die Wanderung begonnen hat. Ein letztes Mal geht es nach 150 Metern vorbei an einem Zeugnis ältester Besiedlung: der Fachwerk-Hofstatt „Grünenbäumchen“. Und diesmal braucht es keine weitere Erklärung für den Namen: Drei Linden stehen vor der Tür, die sind noch jedes Frühjahr grün geworden.

Meutemühle

INFORMATION

CHARAKTER
Menschen, Tiere, keine Sensationen: Ein Weg, der keines der bergischen Highlights berührt, dafür das Bergische „an sich“: etliche Partien auf Asphalt (was bei schlechtem Wetter oder guten Wanderschuhen kein Problem ist), aber immer landschaftlich schön; der „Bergische Weg“ nimmt zur Hälfte denselben Verlauf.

ANFAHRT
Von Köln Hbf. S11 bis Bergisch Gladbach, *www.bahn.de*, dann mit Bus 427 bis Romaney, *www.vrsinfo.de*
Mit dem Auto B 506 Richtung Wipperfürth bis Wanderparkplatz „Straßen“ hinter Romaney

NAVI-EINGABE
N 51.013918, E 7.166548

DAUER / LÄNGE
3 Stunden / 11 km

WANDERKARTE
Das Bergische (Hg.): Wanderkarte Bergisches Land, Maßstab 1:25.000 (= Karte 4: Mitte) 2015

VARIANTEN
Vgl. Karte

GASTHÄUSER
Café-Restaurant Heuser
Peter-Hecker-Straße 1
51519 Odenthal
Tel. 02207/24 00
(Ö) Mi–So 10–23 Uhr
www.restaurant-heuser.de

In Scherf: Zur Lindenwirtin
Schallemicher Straße 203
51519 Odenthal
Tel. 02202/785 72

HINWEISE

Direktvermarkter: Fam. Esser
Straßen 3, 51519 Odenthal
Tel. 02202/714 55
eigene Schlachtung, mittwochs bis samstags geöffnet

AUSKUNFT

Gemeinde Odenthal
Tel. 02202/710-0

WWW.

www.odenthal.de
www.amtmannscherf.de

WEGVERLAUF

1 – 2 „A 4"
2 – 3 keine
3 – 4 „A 2/4"
4 – 1 „Bergischer Weg"
5 – 6 ggf. Variante „X", „A 1"

TOUR 14

Wohlstand zwischen Habenichts und Hoffnung

Von Wermelskirchen durch das Tal des Eifgenbachs nach Dhünn

Der Sohn des Apothekers war vom Pillendrehen umgewechselt auf die Herstellung von Farbe. In der „Telegraphenstraße" zu Wermelskirchen stellte er zum ersten Mal den künstlichen Farbstoff Ultramarin her, die „Wermelskirchener Farbe" wurde berühmt in der Welt, aber blieb es nur kurz, denn schon bald war es zu eng in dem Städtchen zwischen Eifgenbach und Wupper, moderne Verkehrsmittel fehlten noch lange und die Bäche waren allesamt zu klein. Nicht von ungefähr heißen hier die Dörfer nahe Wermelskirchen „Habenichts" und „Hoffnung". Der Farbenpionier verlegte 1862 die Fabrik vom Bergischen Land an den Rhein, bei Wiesdorf fand sich der unfruchtbare Kahlberg: Dort gründete Carl Leverkus, vormals Wermelskirchen, seine neue Farbenfabrik, dazu gleich eine Siedlung für die Arbeiter, alles wie aus der Retorte, er war ja schließlich Apothekerssohn. Später kauften die Nachfahren des Wuppertaler Fabrikanten Bayer die Fabriken, aber da hieß der Ort schon „Leverkusen" nach dem Gründer: Hätte man ihn andernfalls wohl „Bayern" genannt?

Die Wermelskirchener in ihrer Mehrheit waren im Übrigen nicht nachtragend, mit Bändern, Schuhen, mit Rollen und Rädern sowie dem königlich-preußischen Segen erwarb man 1871 dennoch Stadtrecht. Und sie erhoben den berühmten Sohn der Stadt zum Ehrenbürger: Mochte er auch Arbeitsplätze abgezogen haben aus Habenichts und Hoffnung an den Rhein, so blieb doch nach dem Umzug wenigstens der Himmel blau und die Bäche waren es auch, und nicht vom Ultramarin.

Einer der schönsten von allen im Bergischen Land ist der Eifgenbach, der artenreichen Vielfalt seiner Waldbestände mit Buchen, Hainbuchen und Eichen wegen von Kennern wie von Freunden der Natur gelobt. Er entspringt am Rattenberg, nah der alten Höhenstraße zu „Werenboldeskirken", wie der Ort um 1150 schon hieß, und bahnt sich seinen Weg durch Grauwackegestein, oft auf der felsigen Sohle, bis er bei Altenberg die Dhünn erreicht. Noch vor Jahren ging „tout Wermelskirchen" hier zum Baden: Das Strandbad, 1905 noch zeitgemäß gerühmt als „Bade-Anstalt", war bei seiner Einrichtung im Jahre 1883 eine Attraktion des Tals. 1914 bekam es unglaubliche 100-Meter-Becken und 1955 Umkleideräume. Jetzt nennt es sich „Eifgen-Anlage" und am alten Eingang „Freibadpark" und ist als Biotop am Bach renaturiert.

Bemerkenswert in jeder Hinsicht ist auch die alte Schmiede daneben, Nummer 9: Hier fertigt Juan M. Herrera Luzón Blankwaffen aus einem Stück, für paukende Studenten wie für Matadore, für Film und Fernsehen, vor allem allerdings zum Schmuck: Dolche, Helmknacker und Saufedern, dazu Paradesäbel jeder Art und Waffengattung.

Kirchturm Dhünn

1 An der grauen Schutzhütte am Parkplatz beginnen wir den Weg. Dort lesen wir an einer grauen Stele alles Wissenswerte für den Start. Dann überqueren wir den Bach auf seiner Brücke und folgen seinem Lauf nun nah dem linken Ufer. Neben dem Jakobspilgerweg geleitet uns der „Eifgenbachweg" (grünes Zeichen) und der rotweiß markierte „Bergische

Streifzug 5", ein weißes Dreieck und der Weg „E 1". So geht es schön am Bach entlang, vorbei an Ruhebänken des „VVV Wermelskirchen", vorüber an Eichen, später auch Kiefern am Hang und einem Auwald links und rechts des Bachs. Den Reiher, der wie kunstgeschmiedet still im Wasser steht, gibt es gratis dazu.

„Fontaine" Dhünn

Am Waldrand mit der Wegespinne münden beiderseits Gewässer. Ein Quader am Boden mit dem stilisierten Lauf des Eifgenbachs zeigt uns, wo wir stehen: am Frohntaler Hammer, von dem kaum Reste zu entdecken sind. Dabei liest sich seine Geschichte wie ein Stück von Drafi Deutscher: „Wolle, Gips und Eisen". Wir wandern am Brückchen vorüber und weiter nah dem Eifgenbach an seinem linken Ufer, nun auf einem Dammweg mit gewaltigen Platanen. Die Kläranlage gegenüber, die wir bald passieren, ist in bergischer Selbststilisierung in Grün und Weiß gehalten wie oben in der Stadt die Buswartehäuschen.

Der Steig wird nun schmaler und felsig, bringt uns auf Bohlen über einen Siefenlauf hinweg und wir erreichen, zuletzt über hölzerne Tritte, den offenen Weidegrund der Berger Mühle mit einer weiteren Stele zur Information. Die Mühle ist Privatbesitz. Auf der Wasserseite stören allerlei Anbauten die schönen Proportionen. Das Motto über der Tür („Wo Gott zum hauß nit gibt ein gunst / so ist all arbeit umbsunst") verrät nur das Alter der Inschrift: „1654", nicht das der Mühle, die schon Jahrzehnte vorher bezeugt ist.

2 Hier nehmen wir Abschied von dem bunten Wanderschilderwald, überqueren nicht die Brücke, sondern bleiben in der Böschung links des Eifgenbachs, nun weiter mit „E 1". Bald öffnet sich die Landschaft links zu einem Seitental. Wir queren eine breite Schneise der Erdgasleitung, dann heißt es aufzupassen. Am Waldrand, von der Schneise etwa 150 Meter weiter, ist rechts der Zulaufbach zu Fischteichen gestaut, deren Wasserfläche kreuz und quer mit Draht verspannt ist, den Reihern zum Verdruss. Ehe unser Pfad das Seitental in seinem Schwenk nach links auch nur erreicht, folgen wir dem unmarkierten Steig halb links in der Böschung aufwärts,
3 parallel zum Zaun der Weide im Talgrund.

Auch als der Zaun zur Rechten endet, steigen wir am Rand des Kerbtals weiter auf, und als der Rand der Quellmulde erreicht ist, schlängelt sich unser Pfad noch immer weiter, mäßig steigend auf die Höhe. Schließlich stoßen wir nah der Waldecke zur Linken auf einen breiten Wirtschaftsweg und folgen ihm nach links bis an zwei grüne Bänke, die nach der Mühsal des Aufstiegs wie bestellt am Rand des Walds stehen, wenn auch mit dem Rücken zur Fernsicht. Hier finden wir auch wieder Zeichen zweier Wanderwege.

Nach der Pause gehen wir den Weg, den wir gekommen sind, rund 50 Meter 4
weit zurück und folgen dann halb links dem Pfad, der ein flächig weißes Dreieck als Markierung trägt. Fast ohne Steigung geht es durch den Wald, dann entlang am Rand von Grünland und noch einmal durch ein Stück von Wald bis an die Landstraße heran. Wir überqueren sie und gehen auf dem Wanderparkplatz gegenüber links bis ungefähr zu seiner Mitte. Hier,

Ziel und Start ...

... Dhünn und Eifgenbach

noch vor der Sitzgruppe und Wanderwegetafel, halten wir uns rechts. Im spitzen Winkel mit dem Dreieckszeichen hinab und nun auch mit „A 3".
Nach kurzem Abstieg gabelt sich der Weg: „A 3" verläuft in beiden Richtungen, wir folgen weiter dem vertrauten Dreieck, wandern rechts, hinab durch eine Pflanzung, unten dann auf einem festen Holzsteg über einen Wasserlauf hinweg, weiter in der Böschung eines Kerbtals. Im Quellbereich der Kleinen Dhünn geht es noch einmal über einen Holzsteg weiter, dann steigt der Pfad in einer Doppelkehre an, quert eine grüne Weidefläche und folgt dem Waldrand gegenüber, bis wir vor einem Weidezaun auf einen guten Querweg treffen. Hier stößt das Zeichen des Verbindungswegs von „Bergischem Weg" und „Bergischem Panoramasteig" zu uns hinzu.
Wir gehen links, an einer kleinen Schutzhütte vorüber. Beim Eintritt in den Wald schwenkt unser Weg sacht rechts und führt, an einer Bank vorbei,

Berger Mühle

im Fichtenholz hinab. Wo das Gefälle stärker wird, schwenkt der Weg bei einer Bank nach links und bringt uns durch die enge Rechtskehre hinab und auf dem Steg über den Wasserlauf hinweg.

Dahinter gehen wir nach links und steigen durch die enge Doppelkehre bei einer Sitzgruppe zum Wald hinaus, zwischen Vogelhecken und Büschen hinauf bis in den Ort und vor Haus 13 links, die „Schulstraße" hinab. Das Kirchspiel Dhünn, Jahrhunderte hindurch nur eine Handvoll Häuser um die Kirche, ist erstmals 1308 erwähnt. Die Häuser werden buchstäblich schrittweise älter, je mehr wir uns dem Ortskern an der „Hauptstraße" nähern, auf der wir, rechts hinab, zur Kirche kommen.

Totes Holz

Als man hier im Jahre 1901 die Schule baute, hat man keinen Geringeren als den lieben Gott persönlich dafür gewinnen wollen, den Preußen die Schulpflicht durchzusetzen: „Lasset die Kindlein zu mir kommen", steht seit mehr als hundert Jahren in der Wand. Eine Schule gab es allerdings in Dhünn schon 1624. Seit 1586 hatte sich das reformierte Bekenntnis im Ort durchgesetzt, 1636 erhielt die Kirche, die wir, rechts hinunter, gleich erreichen, ihre dazu passende Gestalt. Die grüne, schmuck verschieferte Laterne auf dem Turm ist so bergisch wie das barocke Prinzipalstück im Innern. Der Satz, den uns die Küsterin einst mitgab, gilt als protestantisches Bekenntnis heute noch: „Die Wieskirche in Bayern ist natürlich wunderschön, aber zuhören könnte ich da nicht."

Zum Markt hin rinnt hier Wasser in das Halbrund einer eingehegten Schale. Das ist die „Fontaine"; seit 1843 liefert sie das gute Wasser einer Quelle aus dem nahen „Eichhölzchen" ins Dorf, seit damals gab es Trinkwasser genug, sogar bei Trockenheit. Das war nicht immer so, und deshalb gruben Brunnenbauer einmal eine sagenhafte Röhre, so tief und bodenlos, dass man zuletzt die Hähne krähen hörte – die Hähne vom anderen Ende der Welt. Wasser aber hatten sie noch immer nicht.

Mochte auch ihr Wappen einen Fisch und gleich drei Wasserläufe zeigen, und mochte auch von deren Brausen Dhünn den Eigennamen haben, „dun" in althochdeutscher Sprache, genauso wie der kleine Fluss am Fuß des Hügels: Wasser gab es erst mit der „Fontaine" nach dem Ratsbeschluss von 1839, seit 1928 mit dem schmucken Wappen der Stadt Lennep, zu dem, bis 1929 immerhin, das Dörfchen Dhünn gehörte.

5 Zwischen der Kirche und dem Restaurant „Zur Post" („Anno 1749") haben wir zwei neue Zeichen ausgemacht und folgen nun der „Staelsmühlerstraße" einem „W" im Kreis und dem „A 2" zum Ort hinaus in Richtung „Staelsmühle" und „Knochenmühle", vorbei am Restaurant-Hotel „Zu den Drei Linden". So geht es an die Kleine Dhünn hinab, am Wanderparkplatz mit einer Sitzgruppe vorüber, vorbei am „Angelparadies Loehr" und auch am Fußballplatz. Wir passieren die

Dhünner Laterne

Staelsmühle

Fachwerk-Hofschaft Staelsmühle, auch „Stahlsmühle" nach dem Begründer, Junker Stahl, und wandern weiterhin und nun auch mit dem gelb markierten „Bergischen Panoramasteig" („Staelsmühle 216 m") der Kleinen Dhünn entgegen bis an die alte „Knochenmühle". Aus Knochen machte man in Solingen einst Messerhefte. Dass man den Abfall, fein gestampft, als besten Dünger nutzen konnte, setzte sich im 19. Jahrhundert durch, und viele Mühlen trieben bald auch Knochenstampfer an. Diese wurde 1831 lizenziert, doch was wir vor uns haben, ist der Neubau nach dem letzten Brand von 1896. Die Schieferplatten hängen an der Wand schon lange schaukelnd in den Nägeln, auch das Mühlrad in seinem Schacht vor dem Haus ist blättrig verrottet.

Einst trieb es neben einem Dutzend Knochenstampfern drei Kreissägen, eine Bandsäge und eine Drechselbank an. Wir orientieren uns an der Kastanie und steigen dann links, noch vor dem Mühlenteich, den alten
6 Karrenweg hinauf, so wie uns die vertrauten Zeichen weisen („W" im Kreis, „A 2" und der Zuweg des „Bergischen Panoramasteigs"). Der gelb markierte Wandersteig sucht indes sein Panorama anderswo. Es geht im Kerbtal eines Siefens durch den Wald bergauf, dann im leichten Schwenk nach rechts über die windige Höhe. Neben einer Feldscheune aus gewelltem Blech und Eternit wandern wir noch einmal und geraden Wegs durch einen Streifen Wald. Bei einer Schutzhütte des VVV Dhünn überqueren
7 wir das kleine Sträßchen und wandern weiter mit dem „W" im Kreis sowie

Hier links

dem Zuweg durch einen Streifen Wald, während uns der Weg „A 2" an diesem Punkt nach links verlässt. Wir steigen weiter, geradeaus, zuletzt im Schwenk nach links („Östlich L 101 316 m") in freier Flur bis an die Landstraße heran.

Gleich gegenüber wandern wir dann den für den Verkehr gesperrten Weg halb links im Wald hinab bis an den hier gestauten Eifgenbach. Rechts folgen wir am Punkt „Well Süd 269 m" dem kleinen Fahrweg und den Zeichen über die Brücke und kommen durch die Hofschaft Well und geraden Wegs zwischen Feldern auf die Höhe. Hier am Wegedreieck Wellerbusch haben sich einst Well und Süppelbach eine Schule geteilt, von beiden Seiten mussten da die Kinder auf den Buckel steigen, dafür ging es mittags umso schneller zurück. Heute ist die Schule eine Kindertagesstätte für Behinderte.

Links liegt diskret das ausladende Gefallenendenkmal, das für jeden Weltkrieg einen toten „Leverkus" notiert, und wir steigen, anfangs durch den Wald, hinab nach Süppelbach. Über den Wipfeln taucht jetzt bereits die Stadtkirche von Wermelskirchen auf als eine Landmarke mit ihrem Turm wie eine schlanke Pickelhaube. Der Witwer Johann Peter Frowein, einer der vielen Froweins der Gegend, hat hier in Süppelbach, wie wir noch heute lesen können, sein neu gebautes Haus dem Herrgott anbefohlen: „WAN DU O HER NICHT WACHES

Nicht nur Wasser

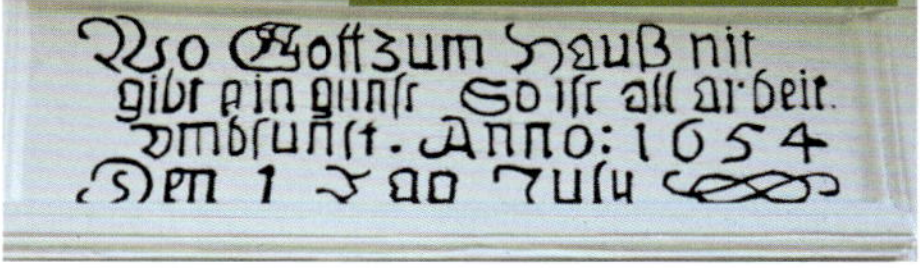

Hausinschrift Berger Mühle 2

ÜBER DISES HAUSZ / SO IST UNSER WACHEN AUSZ" – was sich ja fast wie eine Nötigung liest. In Süppelbach erreichen wir die kleine Talstraße und steigen halb links gegenüber gleich im Schwenk nach rechts hinab bis an den Bach. Im Talgrund schwenkt der Weg nach links hinauf nach Kovelsberg, und mit den guten Zeichen wandern wir auf halber Höhe zwischen Berg und Tal zum Ort hinaus nach Westen, mittendrin vorbei am Misthaufen und an der Schulbushaltestelle in friedlicher Koexistenz. Zur

Linken, unten, lag einmal ein Stausee, anfangs als Trinkwasserquelle gedacht, in den 1970er-Jahren ein Angelgewässer, 2002 zurückgebaut zum Biotop. Auf mehr als 300 Metern wurde damals die Verrohrung rückgängig gemacht, der Eifgenbach ist wieder frei. Dahinter kommen wir bei Eifgen an die Landstraße und erreichen hinter dem verschieferten Haus „Eifgen" den Punkt des Zuwegs „Eifgen 241 m". Hier kreuzen wir die Straße, steigen ab zum Fußweg und kommen rechts zurück nach Wermelskirchen, an den
1 Ausgangspunkt am Eifgenbach mit Schutzhütte und Auskunftsstele.
Auch der Pionier Dr. Carl Leverkus kam noch einmal zurück nach Wermelskirchen, in seine alte Heimat: auf den Stadtfriedhof nach seinem Tod im Jahre 1889. So hatte er es sich gewünscht.

INFORMATION

CHARAKTER
Bergisch at its best: eingekerbte Bachläufe und verschiefertes Fachwerk, Pfade und Steige im Grünen, dazu bergische Historie satt – von der Knochenmühle bis zur Sarazener Klinge

ANFAHRT
Von Köln mit Bus 260 bis Wermelskirchen Busbahnhof, dann mit Bus 261 nach Dhünn; Sa/So von Wermelskirchen mit Taxibus (Info unter Tel. 01805/131 313)
www.rvk.de
Mit dem Auto über die A 1 bis AS Wermelskirchen. Der Ausgangspunkt der Tour liegt am südlichen Ortsrand, abseits der Straße nach Kürten, Dhünn; Wanderparkplatz am Eifgenbach.

NAVI-EINGABE
N 51.134948, E 7.228000

DAUER / LÄNGE
4–5 Stunden / 14 km

WANDERKARTE
Das Bergische (Hg.): Wanderkarte Bergisches Land, Maßstab 1:25.000 (= Karte 2: Nordwesten) 2015

VARIANTEN
Erweiterung gemäß Karte

GASTHÄUSER
Am Start: Haus Eifgen
Eifgen 1, 42924 Wermelskirchen
Tel. 02196/975 99 99
(Ö) Mi–Fr 17–22 Uhr, Sa/So 12–22 Uhr
www.haus-eifgen.de

Kartoffelhaus Neuemühle
Neuemühle 1, 42929 Wermelskirchen
Tel. 02196/97 16 74
(Ö) Mi–Fr ab 17 Uhr Sa/So ab 12 Uhr
www.kartoffelhaus-neuemuehle.de

In Dhünn: Hotel zur Post
Hauptstraße 32, 42929 Wermelskirchen
Tel. 02196/802 16
www.hotel-restaurant-zur-post.net

Hotel Zu den Drei Linden
Staelsmühler Straße 1
42929 Wermelskirchen
Tel. 02196/803 43
(Ö) Mi–Fr 18–22.30 Uhr, Sa 12–14 Uhr und 18–22.30 Uhr, So 12–21 Uhr
www.restaurant-zuden3linden.de

In Wermelskirchen zahlreiche, u. a.:
Hotel zur Eich
Eich 7, 42929 Wermelskirchen
Tel. 02196/727 00
(Ö) Mo–Sa 17.30–23, So 11.30–14.30 Uhr und 17.30–23 Uhr
www.hotel-zur-eich.de

Café Wild
Markt 1, 42929 Wermelskirchen
Tel. 02196/49 35
(Ö) Di–Fr 9–18 Uhr, Sa 9–17.30 Uhr, So 11–17.30 Uhr
www.echt-wild.de

HINWEISE

Die Schwertschmiede von Juan M. Herrera Luzón am Startplatz kann besichtigt werden.
Tel. 02191/20 98 40
www.schwerthandgeschmiedet.de

AUSKUNFT

Stadt Wermelskirchen
Tel. 02196/710-0

WWW.

www.wermelskirchen.de
www.wandern-in-remscheid.de

WEGVERLAUF

1 – 2	Jakobspilgerweg, „Eifgenbachweg“ (grünes „e“), „Bergischer Streifzug 5“
2 – 3	„E 1“
3 – 4	keine
4 – 5	weißes Dreieck
5 – 6	„A 2“, „W“ im Kreis
6 – 7	dazu Zuweg des „Bergischen Panoramasteigs“
7 – 1	Zuweg, „W“ im Kreis
2 – 8	wie 1–2
8 – 5	Verbindungsweg „Bergischer Weg“ – „Bergischer Panoramasteig“

TOUR 15

Mühlen zuhauf

Rund um Dabringhausen

Mit wuchtigem Dach und gedrungenem Turm behauptet sich der Bruchsteinbau der Kirche zwischen schön gepflegtem Fachwerk und kokettiert mit der eigenen Jugendlichkeit: Der Schlussstein über dem Portal im Langhaus gibt 1783 zu, die Wandanker trotz Rost nur 1788, solange wurde nämlich hier gebaut, und nur der Turm legt glatte vierzig Jahre drauf: 1748. Tatsächlich aber zählt die ehemalige Johanniskirche zu den ältesten im Lande zwischen Altenberg und Burg, errichtet im 11. Jahrhundert, seit 1560 evangelisch. Nur die alte Namensform „-inghausen" weist auf die frühe sächsische Besiedlung. 1230 ist das Dorf als „Dabrezhusen" schon erwähnt.

Hier sind wir im Herzen des Bergischen Landes, und die beiden Bäche,
1 die den grünen Höhenrücken säumen, gehören zu den reizvollsten der Gegend. Der Weg zum Bach hinab führt anfangs auf die Höhe: Vom Chor der Kirche folgen wir dem Kreissymbol und dem Zeichen „A 3" in die kleine Anliegerstraße „Butscheid" und durch eine leichte Senke, wenden uns am Wendekreis mit den Häusern 2 und 6 nach links und folgen nach knapp 100 Metern dann im spitzen Winkel rechts weiter dem Sträßchen „Butscheid" und mit den genannten Zeichen auch dem Winkel des Wan-

derwegs 8 zwischen Hecken auf die Höhe. Hier erreichen wir die „Mühlenstraße" auf dem Höhenrücken und wandern mit den Zeichen rechts. Es geht vorbei „An der Gerichtslinde" (mit neu gepflanzten Linden), wo einst das Landgericht für Recht und Ordnung sorgte. Von hier aus ging es manchmal dann nach Wermelskirchen, wo mitten im Dorf, im Ortsteil Schwanen, der Galgen stand.
So geht es auf der Höhe weiter mit der „Mühlenstraße" am Wohngebiet entlang. Nach einem halben Kilometer folgt der Wanderweg der Straße noch ein Stück im Schwenk nach rechts, hinab, dann hinter Haus 63 dem Hinweisschild „Weg zum Freibad" und unseren Zeichen dem schmalen Weg nach links hinauf und dort im Schwenk nach rechts in den Wald. Es geht ein Stück an Zäunen zur Rechten entlang, während links die Böschung abfällt. Dann schwenkt der Weg nach links und, wiederum an einem eingezäunten Grund vorüber, vom Rücken der Höhe hinab. Mit dem Querweg vor dem Talgrund erreichen wir dann rechts die alte „Coenenmühle" oder „Könenmühle", wie das Straßenschild verrät – eine Form so gut daneben wie die andere, denn richtig wäre „Konradsmühle" nach ihrem

Start an der Kirche

ältesten Besitzer. Ihr letzter Müller, Jahrhunderte darauf, hieß Aloys Pfeifer. Der fuhr noch um die Mitte des vergangenen Jahrhunderts mit dem Pferd das Brot aus, dessen Mehl er hier gemahlen hatte. Dann verkaufte er das Haus an die Stadt, und nach einem Wirtshaus-Intermezzo wurde aus der Mühle von 1382 die weitberühmte „Pfannkuchenmühle".

Vorbei am Parkplatz, folgen wir der Straße und kreuzen links das Bachtal.
2 Dann geht es gegenüber rechts hinab zum Parkplatz, an den Linnefebach, weiter mit dem Winkel und „A 3". Vom Parkplatzende folgen wir dem Pfad, der am Rand des Bachtals, bald im Wald, als schmaler Absatz in der Böschung liegt. Bald nähert sich der Bach mit Glitzern dem Hang. Nach mehr als einem halben Kilometer tritt der Pfad zum Wald hinaus, und wir erreichen neben einem Wasserlauf die Zufahrt zum „Pumpwerk Dabringhausen" des Wupperverbands. Gleich gegenüber folgen wir dem schönen Bachlauf weiter, nach wie vor begleitet von dem Winkel und „A 3".

3 Wir steigen mit dem „A 3" und nun auch „E 3" im Wald in einer Kehre auf, dann auf dem Rücken der ansteigenden Höhe in der freien Flur, im Rechtsschwenk weiter, nochmals rechts und mit dem asphaltierten Fahrweg vorüber an den Häusern Bremen 1 und 3 und an die Landstraße heran mit dem Wohnhaus 2 im Hintergrund. Wir gehen mit der Straße etwa 40 Meter rechts und folgen dann mit den Zeichen dem Sträßchen „Auf der Schanze" links, entlang am Wasserwerk im schwarzen, falschen Schiefer. Knapp 100 Meter weiter halten wir uns dann am Wegedreieck links und wandern längs der Zaunplanken mit den vertrauten Zeichen. Knapp einen halben Kilometer weiter stoßen wir in Limmringhausen dann auf einen Wirtschaftsweg und folgen ihm im spitzen Winkel rechts und dann mit einem Siefenlauf im Wald hinab. So erreichen wir vor einer wuchtigen

Wasser links wie rechts

4

Eiche den Weg, der im Tal des Eifgenbachs verläuft, und wandern hier nun rechts, dem Lauf des schönen Eifgenbachs entgegen – mit mehr an Wanderzeichen, als wir überblicken können: dem Jakobspilgerweg, dem „Streifzug 5", dem „Eifgenbachweg", „E 2" und „A 3", den kennen wir.
Bald erreichen wir das eingezäunte Fischrevier der „Markusmühle", das einmal der Mühlenteich war. Schon 1545 wurde hier eine Mühle als Knochen-

Fisch muss schwimmen.

mühle erwähnt. Sie brannte mehrfach ab, zuletzt im Jahre 1984, Jahre nur nach unserem ersten Besuch. Schon damals war sie keine Mühle mehr, sondern eine schlichte Gastwirtschaft. Was sich heute „Markusmühle" nennt, ist ein Pavillon mit einer Theke, an der man Fische wie Erfrischungen erwerben kann. Dahinter schwenkt der Weg nach links und bringt uns zwischen Fachwerkhäusern an die Straße.
Hier überqueren wir mit ihr den Eifgenbach und folgen gegenüber dann dem Weg am Fuß der Böschung („A 3"). Bald hinter einem alten Steinbruchloch im Prallhang verlässt uns der Weg „E 2" nach links, wir überqueren rechts den Zulauf und folgen weiterhin dem schönen Eifgenbach mit der felsigen Bachsohle. Im Prallhang geht es zwischenzeitlich weit hinauf, erst nach etwa einem Kilometer steigen wir hinab bis an den Zufluss eines Bachlaufs von Bechhausen im breiten Wiesental mit der Schutzhütte „Bechhausener Grund". Rechts führte der „A 3" nun geradewegs zurück zum Ausgangspunkt. Wir überqueren mit dem Brückchen den 5

Zulauf und wandern weiter mit dem Jakobsweg und dem „Eifgenbachweg" dem Eifgenbach entgegen, dabei rechts des Felsenrückens, nah am Bach. So nähern wir uns nun der Kreisstraße und bleiben mit dem Zeichen in der steilen Böschung geradeaus auf einem Pfad mit hölzernem Geländer. Erst bei der Haltestelle „Rausmühle" erreichen wir die Straße, folgen ihr ein kleines Stück, bis sie nach rechts das Tal durchquert, und wandern geradeaus dann mit Weg 8 und Winkel bis zur Mühle, einem schön erhaltenen Ensemble aus Fachwerkwohnhaus aus dem 19. Jahrhundert, grüner Scheune und funktionierender Mechanik an der Wand zum Garten hin: Gerinneanlage mit Obergraben und zwei oberschlächtigen Mühlrädern. Hier wurde ungefähr seit 1500 Korn gemahlen, später dann auch Brot gebacken, die Mühle wurde Gartenwirtschaft, seit 1960 Restaurant, so gut besucht wie immer. Und dennoch hätten die Besitzer Grund genug, sich gern der alten Zeiten voller Ruhe zu erinnern, da niemand zu Besuch kam als die Zwerge aus dem nahen Felsenloch. Die borgten bei der Müllerin sich einen Kessel und kochten Reis. Was sie der Nachbarin zuletzt im Töpfchen ließen, wurde reines Gold. Das ging solange gut, bis böswillige Bauern die Zwerge schmähten und als Nachbarn nicht mehr dulden mochten. Die Zwerge zogen fort, und wer heute hier vorüberkommt, lässt selten Gold zurück.

Gut beschildert

Wir wandern weiter, noch im Tal des Eifgenbachs hinauf bis an das Ende des Mühlengeländes. Hier folgen wir dem Kreissymbol und nehmen Abschied von den bunten Zeichen im Bachtal, wenden uns nach rechts und kreuzen den Bach wahlweise auf dem Brückchen oder in der Furt und steigen neben einem Siefenzulauf gerade- 6

Rausmühle

wegs hinauf. Nach rund 200 Metern schwenkt der Weg vor einem Fichtenhochwald links und bringt uns weiterhin nach oben, bis wir mit dem Kreis den Wald verlassen und vor einer Weidefläche links am Waldrand weitersteigen. Zwischen Weidezäunen queren wir die freie Flur nach rechts und wandern rechts der asphaltierten Lindenallee mit Weißdornhecke am Friedhof vorüber. Von dort aus folgen wir der Zufahrt (Kreis und Winkel von Weg 8) bis an die Landstraße heran und über sie hinweg und weiter mit dem „Friedhofweg" am kleinen Park entlang bis an die Dorfstraße im Ort, die „Altenberger Straße", und rechts zurück zum Ausgangspunkt. 1

Am Eifgenbach

INFORMATION

CHARAKTER

Wenn das Bergische nicht durch Berge, sondern durch Bäche geformt und durch Wasser charakterisiert ist, dann ist dies die bergischste aller Touren in diesem Buch. Das Wasserwerk auf der Höhe ist dazu nur eine ironische Pointe. Auch, dass der Autor in der Dabringhauser Straße wohnt.

ANFAHRT

Von Köln Hbf. mit Linie 18 bis Mülheim Wiener Platz, *www.kvb.de*, dort mit Bus 260 bis Wermelskirchen Busbahnhof, dann mit Bus 262 oder 263 nach Dabringhausen, *www.rvk.de*

Mit dem Auto über Odenthal-Altenberg L 101 bis Dabringhausen, Umgehungsstraße nach rechts verlassen, parken im Ort

NAVI-EINGABE

N 51.093058, E 7.190908

DAUER / LÄNGE

3 Stunden / 9 km

WANDERKARTE

Das Bergische (Hg.): Wanderkarte Bergisches Land, Maßstab 1:25.000 (= Karte 2: Nordwesten) 2015

VARIANTEN

Abkürzung vgl. Karte

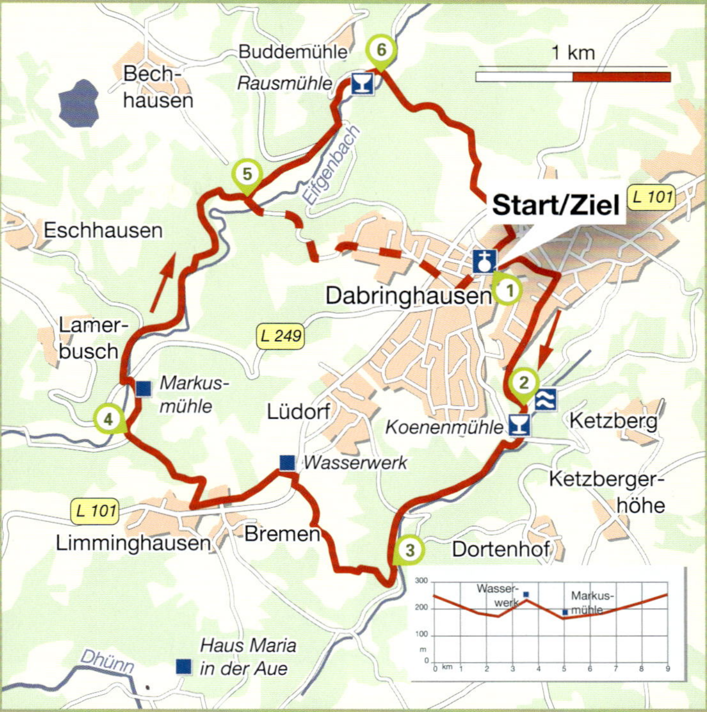

GASTHÄUSER

Pfannkuchenmühle
Könenmühle 1, 42929 Wermelskirchen
Tel. 02193/3083
(Ö) Mo–Fr 16–23 Uhr, Sa/So 11–23 Uhr
www.coenenmuehle.de

Rausmühle
Rausmühle 1, 42929 Wermelskirchen
Tel. 02193/813
(Ö) Mi–Fr 17–22 Uhr, Sa/So 11.30–22 Uhr
www.rausmuehle.de

In Dabringhausen zahlreiche

HINWEISE

Teichwirtschaft Markusmühle
Markusmühle 8, 42929 Wermelskirchen
Tel. 02193/1466
www.forellenhof-markusmuehle.de

AUSKUNFT

Stadt Wermelskirchen
Tel. 02196/710-0

WWW.

www.wermelskirchen.de
www.wandern-in-remscheid.de
www.burscheid.de/tourismus-freizeit/wandern/eifgenbach-weg.html

WEGVERLAUF

1 – 2 „A 3“
2 – 3 Winkel 8
3 – 4 „E 3“
4 – 6 Jakobspilgerweg, „Eifgenbachweg“
6 – 1 Kreis, Winkel 8
5 – 1 Abkürzung „A 3“

TOUR 16

Zum rostfreien Esel

Rund um Bechen und den Heerweg

Ohne ihren Esel fühlen sich die Bechener vermutlich unvollständig. Kaum jemals war ein Tier im Dorf den Leuten so geschwind ans Herz gewachsen wie den Bechenern ihr Esel. Dabei bestand er nur aus übler Nachrede nebst Gips und Drahtgeflecht. Die Bauersleute kamen oft zu spät nach Mülheim auf den Markt, dass man sie „Esel" nannte. Das Prinzenpaar der „Bechener Assele" machte das Beste daraus und stiftete im Jahre 1981 solch ein Wappentier, doch böse Buben hatten der Figur aus Gips den spätestens seit Ringelnatz bekannten Stips gegeben – und seither ließ der Esel arg die Ohren hängen und war auch sonst ganz ramponiert. Nun hätte man die Zukunft so wie die Vergangenheit in Bechen wohl auch ohne Esel meistern können, immerhin war Bechen als „Beche trans Rhenum" schon seit 1175 urkundlich belegt. Aber schade war es schon, und deshalb musste schnell ein neuer Esel her, ein dauerhafter, sagen wir: aus Bronze. So griffen alle in die Tasche, Pfarrer Lampenscherf mit 1.000 Mark allen voran, und hatten schließlich Geld genug zusammen für ein Denkmal für die Ewigkeit: rostfrei, knitterfest und pflegeleicht. Die feierliche Inthronisation des Grautiers mit vier Buchstaben und 25.000 Mark wurde schier ein Volksfest, da standen alle Häuser leer bis auf das Bierzelt, und auch der Pfarrer der Kirche, der sich ganz unverhofft 600 Hörern gegenübersah, gab zum Asinus sein Amen.

Ungerührt von alledem blieb nur der Esel und der steht heute noch am Parkplatz und schaut mit Bronzeblick ein wenig melancholisch auf den Kreisverkehr. Hier, gegenüber der Kirche St. Antonius Eremit, deren alte Schönheit durch den schlichtmodernen Ausbau noch hervorgehoben wird, 1 beginnen wir den Weg, kreuzen den alten Heerweg der „Kölner Straße" (B 506) und folgen neben der „Taverna Kalyva" dem Sträßchen „Zum Friedhof" mit dem markanten gelben Zeichen des „Bergischen Panoramasteigs". Jenseits der „Gartenstraße" und des Friedhofs führt der Weg als Fußweg weiter und hinab (auch „E 1" und „A 3"), erreicht am „Spatzenfeld" die „Raiffeisenstraße" und bringt uns rasch zum Ortsrand, an die freie Flur.

Am Ortsrand hinter dem gestreuten Querweg steht unter Koniferen rechts ein steinernes Wegkreuz von 1873, das vom festen Glauben und der lockeren Grammatik seiner Stifter zeugt. Hier haben wir den Punkt „Raiffeisenstraße 225 m" des „Bergischen Panoramasteigs" erreicht. „Biesfeld" ist das nächste Ziel des gelb markierten Steigs. Vor der Böschung im Wald, wo der Dürschbach nun
2 Weyerbach heißt, kommen wir vorüber an „Haus Pohl", 1433 schon als Rittergut erwähnt, vor Zeiten von vier Teichen umgeben, bis heute unlösbar verbunden mit der Überlieferung, dass einst Napoleon hier seine Pferde habe wechseln lassen. Vorbei am Fachwerk, steigen wir dem gelben Zeichen nach und in den Wald, im Hohlweg bergauf zwischen Buchen (auch Winkel, „A 2" und „E 1"). Oben geht es ein Stück weit am Waldrand entlang, dann weist der „Bergische Panoramasteig" uns nach rechts und in den Wald, und gleich darauf im Schwenk

Heilig in der Muschelnische

nach links und weiter durch den Wald. Wo dann nach rund 200 Metern weiter die Zeichen scheinbar rechts und in die Biegung weisen, müssen wir tatsächlich halb links weiter mit dem „Bergischen Panoramasteig“, abwärts in der Böschung und über einen Siefenlauf hinweg. Hier steht ein 1994 restauriertes Holzkreuz neben einer Bank und hält die Erinnerung wach an eine junge Frau, die damals, 1936, als sie an dieser Stelle zu Tode kam, so alt war wie das Jahrhundert. Der Weg steigt an und bringt uns vor dem Waldrand an die Straße. Hier passieren wir den Pfosten „Durhaus
3 243 m“. Rechts geht es dann hinunter in die freie Flur, vorüber an der alten Hofstatt Durhaus.

Am Gittermast hinter dem nächsten Acker, wo links der „Breibacher Weg“ beginnt, steigen wir halbrechts am Rand des Weidelands bergauf, noch immer mit dem gelb markierten „Bergischen Panoramasteig“ (sowie „A 2“, Raute 9). Bald liegt der Wald zur Rechten, das Weideland zur Linken. Es geht vorbei an einem schlichten Bildstock. Auf der Höhe kreuzt ein Forstweg, wir wandern nur durch einen Streifen Wald mit Ilex grün am Boden, dann haben wir schon wieder weite Blicke über das Bergische Land.
Dann, kaum 80 Meter weiter, sagt 4
der „Bergische Panoramasteig“ „Adieu!“ und verschwindet links im Wald. Wir wandern weiter mit „A 2“ und Raute 9, bald auch mit dem schwarz-blauen Zugangsweg des „Bergischen Panoramasteigs“, vorbei an einer Stele zur Würdigung des Kinderbibel-Treffs. So kommen wir nach Biesfeld, eine alte Rodung, die etymologisch sich auch „Miesfeld“ nennen könnte. Vorbei am Kindergarten, geht es mit der „Jahnstraße“ bergab, am Fußballplatz vorüber und
5 im Schwenk nach links („A 2/3“), bis wir die alte Wallfahrtskirche an der „Wipperfürther Straße“ sehen.

Grautier mit vier Buchstaben

Was der Boden dem Biesfeld nicht abwarf, das ersetzte seit 1676 die Frömmigkeit der Nachbarn, denn Biesfeld war fraglos der Ort eines Wunders: Da war ein Ochse durch den Zaun gebrochen, tobte wie der Gottseibeiuns durch den Flecken, bis ein Baumstamm seiner Wucht ein Ende setzte. Wo die Hörner an den Stamm gerasselt waren, strahlte nun das Bild der Muttergottes. Das lockte Pilger an, mehrfach wurde die Kapelle neu gebaut oder erweitert, 1863, 1909 und 1959. Ein kurzer Abstecher bringt uns hinunter an den neugotischen Bau.

Goldener Oktober

Ansonsten wenden wir uns schon hier oben scharf nach rechts und folgen der „Hubertusstraße" mit „A 1" bis zu ihrem letzten Haus. Dann geht es weiter durch die freie Flur, auf Dürscheid zu mit seiner aufgetürmten Nikolauskirche. 5

Am Apfelbaum vor Haus 9 haben wir den Weiler Miebach erreicht, der mit seinem Namen, „Miebach" oder „Maubach" auch keinen Staat machen kann, weil das Wasser eher steht als fließt, wenn es nicht zu Zeiten ganz verschwindet. Wir folgen dem markierten Weg („A 1") nach links, scharf rechts, über den Bachlauf hinweg und hinauf bis an die Kreuzung der Wege im Ort. Hier folgen wir der „Lenzholzer Straße 40–21" bergwärts durch den Ort bis vor das letzte Haus. Gegenüber Haus 38 wandern wir links mit dem Zeichen „A 1" auf einem kleinen Pfad hinaus ins Freie.

Es geht im Grünen sacht hinab. Bei einer Sitzbank stoßen aus dem Tal die Wege „K" und „A 2" zu unserem hinzu; wir wandern weiter geradeaus, durch Grünland, dann an Fichten weiter, zuletzt durch einen Streifen Wald. Bei Haus 20 erreichen wir Dürscheid mit dem Ortsteil Steeg. Und 100 Meter weiter in der Biegung, vor dem an den Giebelflächen schön verschieferten Fachwerkhaus, beginnt für uns der Rückweg bis zum Esel. 6

Doch wir wären selbst welche, wenn wir nicht auch noch die Schönheiten von Dürscheid erkundeten. Mit dem Fahrweg „Steegerhöhe" erreichen wir die „Wipperfürther Straße" und rechts die Kirche des St. Nikolaus. Die hebt sich rechts der Landstraße wie ein neugotisches Gebirge in den Himmel, überragt die Linden ringsumher, den Fachwerkschmuck des ganzen Orts, den „Dürscheider Hof", in all seiner bergischen Pracht seit 1869 in Familienbesitz, und selbst den romanischen Turm des 13. Jahrhunderts mit seinem dritten Langhaus von 1895.

10

Durhaus

Hinter dem „Dürscheider Hof" steigen wir rechts über Treppen hinauf. Der alte Turm erscheint hier wie ein Knirps mit viel zu großem Rucksack. Wir kommen längs der Linden an der Kirche und dem Pfarrhaus vorüber, ebenfalls von 1895, dann mit der Straße „Kirchberg" im Linksschwenk an der Schule und der Feuerwehr vorbei und weiter längs des Friedhofs („A 4"). Wer hier des Nachts auf Geister stößt, braucht weiter nicht besorgt zu sein, denn hier ist regelmäßig Halloween. Glücklich muss sich allerdings der nächtliche Besucher preisen, wenn der Geist auf seinen Schultern seinen Kopf noch mit sich führt. Denn kopflose Gespenster sind in Dürscheid Todesboten.

Im letzten Linksschwenk folgen wir dem Sträßchen „Zur Kapelle" geradeaus („A 4"), nach einem Viertelkilometer links, bis wir auf der Höhe, die aus guten Gründen „Spitze" heißt, die alte Jakobuskapelle erreichen. Sie steht, von Kreuzwegstationen umgeben, in einem Kranz von hohen

11

Linden, von einer Buche überwölbt. Das „kleine Heiligtum", als das es hier gewürdigt wird, ist – wie zumeist – wohl älter als das Dokument seiner ersten schriftlichen Erwähnung 1663. Renoviert wurde sie 2005/06. Neben der Kapelle steht ein Kreuz von 1842 mit der Bitte an Jakobus d. Ä.: „ora pronobis sancte iacobe". Vor der Umfriedung eine Stele der „Deutschen Jakobusgesellschaft". Sie klärt darüber auf, dass hier der „kleine" Heerweg verlief, auch „Kurfürstenweg" genannt, eine Variante auf dem Weg nach Bensberg.

Zurück durchs Dorf, erreichen wir zuletzt das schöne Fachwerkhaus in „Steegerhöhe" 9 und wandern nun dem Weyerbach entgegen, der erst nach dem Zufluss des Miebachs Dürschbach heißt („K", „A 2/5"). Der Weg läuft schön am Sockel des Steeger Bergs. Es geht vorbei an einem Kreuz, und wo wir bald darauf den Weiler Hauserhof erreichen, entfernt der Weg sich kurze Zeit vom Bachlauf, führt dann im Schwenk nach links am Reiterhof vorüber, hinab und mit allen drei Zeichen über das Wasser hinweg und nach Hove. 7 8

Dort trennen sich die Wanderwege: Wir steigen rechts dem Bach entgegen mit Winkel und „A 2", vorüber an Hühnern und zottigen Pferden. Nach 550 Metern passieren wir mit Schwenk nach rechts die alte Weyermühle. Ausgestellt ist die Kopie der Konzession zum Bau der Kornmühle im Jahre 1798. Die Wasserkraft bewegte alles, was am Balken hing: den Mühlstein und die Knetmaschine, sogar die Dreschmaschine und die Kreissäge, die wie die Axt im Haus den Zimmermann ersparte. Bis 1980 war die Mühle Bäckerei, seit 1954 allerdings elektrisch angetrieben, dann zog der Müller nach Dürscheid und setzte zur 200-Jahr-Feier der Weyermühle das alte Wasserrad instand.

St. Nikolaus, Dürscheid

An dem baulichen Schmuckstück vorüber, wandern wir nun erst am Mühlengraben, dann am Mühlenteich, zuletzt am linken Ufer den Weyerbach hinauf. Nach einem Dreiviertelkilometer knickt der Weg vor einer Weide-
9 fläche links und wir kommen abermals ins Bachtal. Wir passieren eine grün-weiße Schranke und wandern geradeaus (dabei ein paar markierte
2 Meter links) mit Winkel und „A 2", dem Bachlauf nun auf seinem rechten Ufer entgegen bis an den einstmals ritterlichen Sitz von Pohl und mit dem
1 „Bergischen Panoramasteig" nach links hinauf, zurück, zum Esel und zur Kirche.

Das alte Höhendorf war immer schon, was man im Dartmoor „Mother of the Rivers" nennt. Und von den vielen Bächen, die in seinen Mulden unterhalb entspringen, hat es auch den Namen: „Bechen".

Jakobuskapelle Spitze

INFORMATION

CHARAKTER
Bergische Idylle im Wohngürtel um Köln; meist feste Wege, jederzeit zu gehen, viele Einkehrmöglichkeiten

ANFAHRT
Von Köln Hbf. mit S11 nach Bergisch Gladbach, *www.bahn.de*, dann mit Bus 427 bis Bechen, *www.vrsinfo.de*
Mit dem Auto A 4 bis AS Moitzfeld, über Herkenrath und Spitze bis auf B 506, rechts Richtung Wipperfürth bis Bechen, parken in Ortsmitte

NAVI-EINGABE
N 51.040573, E 7.209701

DAUER / LÄNGE
3 Stunden / 10 km
(mit Abstecher 4 Stunden / 12 km)

WANDERKARTE
Das Bergische (Hg.): Wanderkarte Bergisches Land, Maßstab 1:25.000 (= Karte 2: Nordwesten) 2015

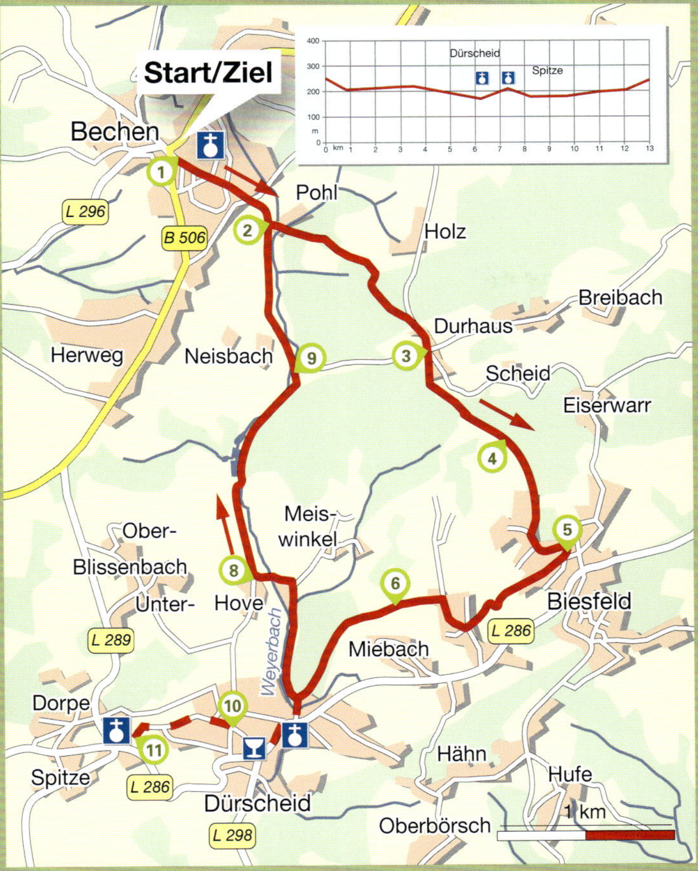

VARIANTEN

Abkürzung vgl. Karte

GASTHÄUSER

Taverna Kalyva
Kölner Straße 375, 51515 Kürten
Tel. 02207/56 85

Hotel Restaurant Dürscheider Hof
Wipperfürther Straße 111, 51515 Kürten
Tel. 02207/966 90
(Ö) Di–Fr ab 12 Uhr, Sa ab 18 Uhr,
So ab 11 Uhr
www.duerscheiderhof.de

AUSKUNFT

Gemeinde Kürten
Tel. 02268/93 91 29

WWW.

www.kuerten.de
www.jakobsweg.info

WEGVERLAUF

1 – 4 „Bergischer Panoramasteig“
4 – 5 „A 2“
5 – 6 „A 1“
6 – 7 „K“, „A 12
7 – 10 keine
10 – 11 „A 4“
7 – 8 „K“, „A 2/5“
8 – 9 „A 2“, Winkel
9 – 2 dito
2 – 1 „Bergischer Panoramasteig“
3 – 9 Abkürzung „E 1“

TOUR 17

Das Dorf des frommen Ritters

Rund um Kürten-Olpe

Wie eine sonnige Terrasse, halb auf der Höhe, schön nach Süden ausgerichtet, und doch mit Wasser wohlversorgt: So liegt das hübsche Dörfchen Olpe hoch über Olperbach und Sülz. Es ist älter als Kürten, zu dem es gehört seit 1975, dem Hochwasser der Sülz enthoben, und umfasst seinerseits 45 Weiler und Höfe, von denen in der Summe allerhand gemunkelt wird. Vom Hauptort selbst Folgendes: Es war im Jahr des Heils 1228, als ein Ritter auf dem Kreuzzug seinen Feinden in die Hände fiel. Da er kaum mehr noch als sein Leben zu verlieren hatte, bot er den Sarazenen Geld und seinem Herrgott jenen Handel an, den man auch heute noch Gelübde nennt: Wenn er jemals wieder heil nach Hause komme, werde er es ihm mit einer eigenen Kapelle danken. Der Herr schlug ein, zumindest kam der Ritter frei und sein Heimatdorf an die Kapelle, deren größter Schatz ein Splitter aus dem Kreuze Christi wurde. Noch heute feiert die Gemeinde zum Fest der Kreuzerhöhung im September ihre Kirmes.

Das Dorf des frommen Ritters war vor ihm schon durch einen „Reinaldus de Olpe" urkundlich als Adelssitz belegt, so mag denn auch ein anderer auf Palästinafahrt gewesen sein. Tatsächlich aber finden wir hier auf der Höhe die Kapelle, im Volksmund „Kreuzhüschen" genannt und schon im

Mittelalter Ziel von frommen Pilgern. Bis 1899 war sie Teil der Kirche aus dem frühen 16. Jahrhundert und blieb hier stehen, als die Kirche abgerissen wurde, weil nebenan seit 1896/97 der stolze Neubau von Sankt Margaretha stand. Die Kreuzkapelle wurde 1901 um einen Chor erweitert und erhielt zuletzt den romanischen Bogen, das ehemalige Portal der ältesten Vorgängerkirche, das wieder an die 100 Jahre älter ist als die Legende selbst. Ringsum von bergischen Linden und gastlichem Fachwerk umstellt, sind beide Mittelpunkt des schmucken Dorfs, zu dem sein Name bei den Nachbarn, „Hexen-Uepen", Hexen-Olpe, auf den ersten Blick nicht passen will. Es gibt nicht einen Hinweis auf die sachliche Berechtigung des Namens, keinen Scheiterhaufen, keine Strudelstelle im Gewässer, um Hexen zu ertränken. Da mag die Margaretha-Kirche ihren spitzen Turm von 1896 wie einen Zeigefinger in den Himmel recken: Tut nichts, der Hexenname bleibt!

In Olpe brechen wir an diesem Morgen auf zu einem Kreuzzug der friedlichen Art, wenn man so will: vorüber an etlichen Grauwacke-Kreuzen, die von der Gottesfurcht der späteren Bewohner wie von der nahen Bruchsteinindustrie beredtes Zeugnis geben. Mag sein, dass erst mit ihrer Hilfe die Hexenpest verschwunden ist. Wir schauen uns die makellose neugotische Kirche an, in deren Tabernakel, in einem kleinen Kreuz aus Bergkristall, die Kreuzreliquie verwahrt wird, und werfen einen Blick in die Kapelle gegenüber.

Der Weg bei Olpe

1 Am Dorfplatz an der alten Schule von 1909 und dem denkmalgeschützten Feuerwehrturm machen wir uns endlich auf den Weg. Am Rand des Platzes, der zur Kirche hin gelegen ist, folgen wir dem „Mühlenweg", dem „Bergischen Streifzug 7", gut markiert in Weiß auf rotem Grund, den Hang hinab. Das ist der „Hermann-Brochhaus-Weg". Neben uns der Bachlauf, den wir oben schon als Teich gesehen haben. Bei einem Drängelgitter stoßen wir auf den Asphalt der Straße „Löhfeld" und folgen rechts der „7" um die Bachkerbe herum bis auf die rechte Seite und dann der kleinen „Olpetalstraße" ins Tal, zum Ort hinaus in Richtung „Kohlgrube 500 m". Der Siefen hat sich weit ins Löhfeld eingegraben. Nach 350 Metern,
2 hinter einer weißen Feldscheune zur Linken, verlassen wir vorübergehend den markierten Wanderweg und steigen auf dem unmarkierten Feldweg rechts hinan. Auf der Höhe stoßen wir bei einem Feldgehölz auf eine Bank und einen Querweg und halten uns hier links, erneut dem Tal entgegen. Beim nächsten Wegedreieck nach 200 Metern geht es vor der Böschung wieder links. Schon am ersten Garten halten wir uns, wo der Weg sich gabelt, links und kommen in den Weiler Kohlgrube, „Kaelgroven" 1383.
3 Tatsächlich hat man hier nach Steinkohle gegraben. Rechts neben Haus 8 ein Kruzifix von 1788. Hier sind wir wieder auf dem „Mühlenweg", überqueren schräg die Fahrbahn und wandern hinter dem Bungalow nach links mit dem Asphaltweg, über den Wasserlauf hinweg, der gleich darauf zum Olperbach wird.

In der Biegung finden wir die Hütte mit der „Hermannsquelle" von 1973, von Hermann Breidenbach und seiner Wünschelrute hier entdeckt, die zwölf Familien mit Quellwasser versorgt. Was da vor dem Türchen heute mächtig sprudelt, ist skulptiertes und bemaltes Fichtenholz. Vor dem Brunnenhäuschen liegt eine Panoramatafel auf dem Boden: Wir gehen hier scharf rechts in Richtung „Wien 903 km", weiterhin mit dem Erlebnisweg. Auf einem alterskrummen Eisenbrückchen überqueren wir den Olperbach, danach die Wiese, und

Bergische Gefache

Stattlich: die Schultheismühle

erreichen neben einer Bank den Weg in der Böschung, der das Bachtal begleitet. Mit ihm und der weiß-roten „7" wandern wir nach links, dem Bach entgegen.

So kommen wir nach Büchel, wo rechts ein sehenswertes Fachwerkdenkmal zu entdecken ist (Haus 11). Wir wandern weiterhin dem Olperbach entgegen, vorüber an gemischtem Federvieh, bis wir vor der Olpermühle stehen mit der Hinweistafel „D" des „Mühlenwegs". Ein Kreuz von 1886 hält hier etwaige Hexen in Schach. Wir überqueren nun nach links den Bachlauf und wandern mit dem Sträßchen rechts hinauf bis in die erste spitze Kehre. Dort folgen wir den Wegen 7, „K" und „A 1" in der Böschung, bald rechts vorüber an der Schutheismühle mit einem Kruzifix von 1780 und jenseits der Straße zwischen zwei Pfosten weiter mit den Zeichen, vorüber an der eigentlichen Schultheismühle, Nummer 5.

Noch einmal einen halben Kilometer in der Böschung auf dem rechten Ufer, wo der Pfad im Prallhang ansteigt, und wir sind in Delling, der wahrhaften Perle im Bergischen Land. Durch das rot-weiße Drängelgitter geht es links, auf die Kirche zu. Vor dem klassizistischen Portal genießen wir den Rundblick wie den Überblick: Rechts die Gaststätte, die „In der Delling" heißt, ringsum das vereinzelte Fachwerk und in der Mulde, der namensgebenden „Delle", halb rechts das „Alte Pastorat", groß und ganz verschiefert, einstmals Ersatz für die Kirche.

Denn Delling ist eine evangelische Enklave inmitten des bergischen Katholizismus: 1622 hatte die Gegenreformation auch in Olpe ihre Schäfchen heim in den Pferch der christlichen Wahrhaftigkeit geholt. Nur der Junker von Mosbach, Herr in der Delling, der im holländischen Kriegsdienst tolerant geworden war, erlaubte es den Leuten, im Gutshaus Gottesdienste nach der evangelischen Façon zu feiern. Im „Cöllner Religionsvergleich" von 1672 wurden die Gebote zwar gelockert, aber erst in der Franzosenzeit, 1802, erhielt auch Delling einen Friedhof für die Mehrheit seiner Toten. Und dann dauerte es noch einmal bis 1834, bis man als Protestant in Delling in der Kirche feiern konnte, einem Bau nach einem Schüler Schinkels.

An den Kopfweiden vorüber, wandern wir die gepflasterte Auffahrt hinab und folgen der 7 jenseits des Parkplatzes nach rechts mit dem gesperrten Fahrweg: „Biesenbach A 1" steht an einem Zaunpfosten. Der Weg steigt mäßig an, bringt uns durch eine befestigte Grauwackefurt und weiter in die Flur. Am Wegedreieck folgen wir dem „Mühlenweg" nach links und kommen weiter auf die Höhe und im Schwenk nach Biesenbach. Vor der Landstraße steht links die kleine Dankkapelle von 1678. Diesmal ging es nicht um Hexen: Da löffelte ein Biesenbacher Kind sein Töpfchen Milch mit Sättigungsbeilage, als eine Schlange kam, um von der Milch zu naschen. Die Bröckchen rührte sie nicht an. Da nahm das Kleine seinen Löffel, hieb der Schlange auf das Haupt und rief: „Willst Du wohl auch die Brocken fressen?" Sie wollte nicht; sie schlängelte sich weiter.

Kapelle Biesenbach

Die Schrift in der Fassade ruft den Vorüberwandernden zum Beten, auch für die Stifter namens „Schmits" – und alles auf Latein! Vergebliche Bemühung! Welcher Wanderer des Jahres 1678 konnte schon Latein? Wir queren mit dem Zeichen des „Mühlenwegs" die Landstraße und wandern gegenüber weiter auf die Kuppe zu. Dort finden wir ein Wegedreieck und gehen nun halb rechts, am Waldrand linker Hand

Kirche Delling

hinab. Nach weiteren 300 Metern knickt unser Schotterweg nach links und wir erreichen 100 Meter weiter die Hinweistafel C mit Auskünften zu Theorie und gelegentlicher Praxis einer Pulvermühle wie der alten Junkermühle unten an der Sülz.

Hier wenden wir uns auf der Kreuzung links und wandern mit Weg 7 ohne Steigung durch den Fichtenwald. Nach 750 Metern verlassen wir den „Mühlenweg", um nicht noch tiefer in den Schatten zu geraten, und steigen mit der gut markierten Raute des Wegs 9 im spitzen Winkel links, bergan (auch „A 1/2"). Es geht hinauf, an einer Waldweide und einer Bank vorbei und einer Abzweigung nach rechts. Oben kommen wir zum Wald hinaus. Noch vor dem Kruzifix von, wie wir zu erkennen glauben, 1770, halten wir uns vor dem Weiler Forsten rechts und wandern längs der Koppelzäune auf der Höhe („A 1/2"). Vorbei an roten Tennisplätzen geht es vollends auf die Höhe. Bei Forsten soll in herzoglicher Zeit der Galgen gestanden haben, warum also nicht hier, wo sich jetzt der Wasserhochbehälter befindet. 4

Der Höhenweg fällt nun ein wenig ab und führt uns nah dem Waldrand weiter. Nach 150 Metern im Wald erreichen wir ein Wegedreieck mit einer großen Eiche in der Mitte: Links ginge es nun schnell durch Forstenhöhe und zurück nach Olpe („A 1/2"), wir aber wandern mit der Raute des Wegs 9

In der Delling

weiter geradeaus, vorüber an der Bank von „Hans-Willi & Angelika", zuletzt vorbei am Garten eines Kunstliebhabers. Am letzten hellgelbgrauen Haus gehen wir rund 100 Meter weiter halb rechts, dann bei der Gabelung am Wald halb links und längs der Wiese auf die Straße „Schlünke" zu. Sie bringt uns mit „A 2/3" nach links bis auf den Höhenrücken.

Dort finden wir die Höhenstraße, die auch „Höhenstraße" heißt (rechts ein Kreuz von 1851), gehen links in Richtung „Sportplatz Bornen" mit der Raute und folgen gleich dem ersten Sträßchen („Alter Schulweg") rechts, hinab („A 2/3"). Seit 1857 gab es in Olpe Unterricht, seit 1867 eine Schule, die 1909 erweitert wurde. Da ging es von der Höhe morgens leicht hinab im Grünland, so wie jetzt, am Ende durch ein Stück von Buchenwald, dann rechts, rund 100 Meter weit bis vor die Kerbe eines jener Siefen, von denen „Bornen" seinen Namen hat, und links hinunter durch den Wald („A 2/3"). Unten überqueren wir das Bächlein und folgen weiter seinem Lauf bis an den Grillplatz und den Teich am „Hermann-Brochhaus-Weg", der Schule gegenüber.

Wir sind am Ziel. Die Kinder damals aber mussten jeden Tag nach Schulschluss auch zurück, hinauf nach Bornen oder, wenn man morgens aufgestiegen war, hinab nach Olpermühle.

Hell genug

INFORMATION

CHARAKTER

Schöner Sonnenweg auf bergischen Fluren, Teilstück des „Mühlenwegs" mit entsprechenden Baudenkmälern

ANFAHRT

Von Köln Hbf. mit S11 bis Bergisch Gladbach, *www.bahn.de*, dann mit Bus 427 bis Olpe, *www.vrsinfo.de*
Mit dem Auto A 4 bis AS Unteresch-bach, weiter auf L 284 bis Kürten, dann L 146 bis Olpe, an der Kirche vorüber, Parkplatz rechts der Straße

NAVI-EINGABE

N 51.045026, E 7.289125

DAUER / LÄNGE

3 Stunden / 9 km

WANDERKARTE

Das Bergische (Hg.): Wanderkarte Bergisches Land, Maßstab 1:25.000 (= Karte 2: Nordwesten) 2015

GASTHÄUSER

Landhotel Olper Hof
Hauptstraße 21, 51515 Kürten
Tel. 02268/26 45
www.landhotel-olperhof.de

Bergisches Gasthaus Haus Olpe
Hauptstraße 26, 51515 Kürten
Tel. 02268/90 10 60
(Ö) Di/Do–Sa ab 16 Uhr,
So 10–14 Uhr und ab 17 Uhr
www.hausolpe.de

AUSKUNFT

Gemeinde Kürten
Tel. 02268/93 91 29

WWW.

www.kuerten.de

WEGVERLAUF

1 – 2 „Bergischer Streifzug 7"
2 – 3 keine
3 – 4 „Bergischer Streifzug 7"
4 – 5 Raute 9
5 – 6 keine (alte „A 2")
6 – 1 „A 2/3"

TOUR 18

Wie die Herkenrather den Teufel vertrieben

Vom Milchborntal bei Bensberg auf die Höhe

Als Goethe 1774 von Düsseldorf ins Schloss nach Bensberg kam, merkte er sich für die Memoiren nur den fabelhaften Blick und einige Details des Interieurs. Dabei hatte Johann Wilhelm II., der Bergische Herzog „Jan Wellem" von Jülich und Berg und Kurfürst von der Pfalz, mit dem Bau nach 1703 arg nach Versailles geschielt, um seiner Frau zu imponieren. Auch Goethes Begleiter Jacobi war von der Lage mit dem Blick von Bonn bis Düsseldorf weit mehr begeistert als vom Schloss: „Ich glaube, dass die Götter dann und wann auf einer silbernen Wolke so ihren Nektar trinken und die Hälfte der Erde übersehen!"

Diesem Zweck war Schloss Bensberg noch niemals so nahe wie heute, verzichtet man auf Götter und den Nektar: Seit dem Jahr 2000 ist Schloss Bensberg Luxushotel mit Gourmetrestaurant. Als Goethe Schloss Bensberg bestaunte, stand es leer, das größte Barockschloss der Rheinlande, bewacht von einer kleinen Reiterkompanie. Jan Wellem, sein Erbauer, hat es nie gesehen, und Jagdgesellschaften zumindest sind hier niemals abgehalten worden. Bei seiner ersten Nutzung, 1793, war es Lazarett, allenfalls ein schöner Rahmen für eine hässliche Sterbequote. Und der schöne Hardtwald ist ein reich bestellter Totenacker.

Dort machen wir uns auf den Weg. Im „Waldhotel Mangold", das schon damals so hieß, haben wir 1966 unser Abitur gefeiert. Gleich daneben folgen wir dem Sträßchen „Am Milchbornbach" über den nämlichen Bach und aufwärts, links vorüber an der Wanderwegetafel. Schon in der Biegung dann verlassen wir die Straße und steigen in der Böschung auf (Winkel). Bei einem Wegekreuz mit zweiter Wanderwegetafel gehen wir nicht völlig geradeaus (Winkel und „N"), sondern folgen halb links dem Zeichen des „Bergischen Wegs" und kommen mit einem Pfad sacht bergan. 1

So erreichen wir gleich die Hinweistafel D des „Bergischen Streifzugs 13" und links gegenüber einen kleinen schmiedeeisern eingezäunten Friedhof für Napoleons Soldaten, tatsächlich nur das Denkmal eines Friedhofs, denn bis zu 3.000 Soldaten sollen hier in Massengräbern beerdigt worden sein: Sie waren dem russischen Winter entkommen, nun starben sie im Lazarett im Schloss zu Bensberg. 1861 stiftete ein Landsmann („Compatriote") mit dem deutschen Namen Müller ihnen dieses Eisenkreuz. „Aux soldats français enterrés ici en 1813."

Kreuz von 1861

Gut 150 Meter weiter mit dem „Bergischen Weg" finden wir einen zweiten Friedhof in der Hardt, jetzt mit Hinweistafel E. Diesmal ist das Kreuz aus Sandstein, ein Werk des Dombaumeisters Schmidt: „Ruhestaette österreichischer Krieger 1794" steht auf der einen Seite, auf der anderen:

„Errichtet 1854“

„Errichtet 1854, Franz Joseph, Kaiser von Österreich.“ Der Heimatforscher Johann Bendel hat hier früh im 20. Jahrhundert noch ein zweites Schild gelesen: „1794. Hier ruhen 3000 tapfere österreichische Krieger. 1894.“ Sie hatten im ersten Koalitionskrieg des alten Europa die Truppen der Revolution in Frankreich schlagen wollen und waren krank und aufgelöst zurückgekehrt. Aus diesem Anlass hatte man das Schloss schon 1793 in ein Lazarett der kaiserlichen Truppen und ihrer Mitstreiter verwandelt. Die Möbel waren bereits verteilt auf andere Besitzungen, von nun an wurde das Schloss im Inneren aus reiner Not zerstört. Was brennbar war – Fußböden, Holzvertäfelungen, Fensterrahmen –, wanderte durch den Kamin. Die Sterblichkeit war hoch, und am schlimmsten wütete der Typhus. Und wieder stellt sich uns im Wald die Frage: Wie viele Gräben, und von welcher Länge, braucht man, um 3.000 Tote zu entsorgen?

2 Der „Bergische Weg“ schwenkt nach rechts und bringt uns gleich an eine Wegespinne, wo er uns geradeaus verlässt. Hier wandern wir halb rechts
3 nun mit dem „Kölnpfad“, als weißer Kreis auf schwarzem Grund markiert, durch den Wald. Nach 250 Metern geht es mit dem Querweg links, nun des längeren dem „A 2“ auf der Spur. Es geht vorüber an dem eingezäunten Holzhaus „Knoppenbissen“, in der Linksbiegung dann über den ausgewaschenen Scheidbach hinweg, und im Hochwald sacht hinauf (Kreis, „A 2“ und Winkel).

Am großen Wegedreieck berühren wir vorübergehend den „Bergischen Weg“, wandern weiterhin mit „Kreis“, „A 2“, Winkel und „N“. Der Weg

steigt mäßig an, dann verlassen uns erst der Weg „N“, darauf der „Bergi- 4
sche Weg“, beide nach rechts, und wir wandern geradeaus weiter mit
Winkel, Kreis, „A 2/3“. So geht es über den letzten Buckel des Hardtwalds
hinweg. Am Wegedreieck vor dem Ortsteil Sanderheide mit kleinen Häu-
sern in der Mulde passieren wir ein Kruzifix unter einem Ahornbaum. Wir
gehen geradeaus, nun schon durch Gartenland, mit Kreis, „A 2/3“, auf
dem asphaltierten Fahrweg „Scherpenbach“ auch mit Winkel.

Neben einer Toreinfahrt erreichen wir über einer Mulde das Straßenschild „Scherpenbach“ mit Wanderwegezeichen an seinem Mast. Hier sind wir nun auf dem „Bensberger Schlossweg“, dem „Bergischen Streifzug 13“, dem „Kölnpfad“ (Kreis) und dem „Erna-Schreiber-Weg“ mit dem Winkel. Wir gehen links, im Schwenk bis an den Kaltenbroicher „Pütz“, 1585 erstmals erwähnt und seither selbst im Sommer niemals ohne Wasser, im Winter niemals zugefroren.

Dahinter überqueren wir den jungen Lerbach, passieren das schöne Fach- 5
werkhaus eines FC-Fans und wandern an der Ecke mit dem Kruzifix mit
dem Fahrweg „Kaltenbroich“ nach links, knapp 100 Meter weiter wieder
links, nach Oberlerbach mit dem Zeichen des „Bergischen Streifzugs“. Zur
Rechten liegt das schwarzbunte Milchvieh in der Böschung. Nach 300
Metern passieren wir die Hofstatt Oberlerbach mit der ersten bergischen 6
Milchtankstelle am Stall und wandern gleich dahinter, zwischen Haus und
Stall, hinauf und weiter mit Kreis und Winkel. Der Weg ist in die Böschung

In der Hardt

eingegraben; er schwenkt nach rechts und bringt uns auf die freie Höhe, in den Wind. Hinter uns liegt in der Ferne Köln und wird mit jedem Meter besser sichtbar. Wir gehen auf dem schönen Wiesenweg hinauf, entlang an einer Stützmauer am Unterrand des Grundstücks auf der Höhe.

So erreichen wir noch vor der Landstraße die malerische Rochuskapelle, flankiert von gewaltigen Eichen. Sie wurde, wie wir lesen können, 1684 hier gebaut im Auftrag des Freiherrn Leers zu Lerbach und war gedacht als Dank und Denkmal nach der Pest von 1680. Beim Weitergehen folgen wir der Straße auf dem Fußweg rechts in Richtung Herkenrath. „Breite" heißt die Hofstatt auf dem flachen Buckel: „Höhe" wäre passender gewesen.
7 Weit reicht der Blick ins Tal des Rheins. Im Knick des Fahrdamms steht ein neues Kreuz aus Holz. Hier stößt von links der „Bergische Weg" erneut zu unserem hinzu und gemeinsam mit dem „Kölnpfad" (Kreis) folgen wir ihm lange Zeit.

Keine Kadetten: Jungfrauenweiher

Oben, oberhalb der Wiese, durch die ein schöner Weg nach oben steigt, steht die Kirche St. Antonius Abbas mit dem „Alten Frohnhof" gegenüber, Gelegenheit zur Einkehr wie zur Rast. Die weiße Kirche mit dem hohen Turm, spätromanisch und modern zugleich, war eigentlich gedacht als älteste im Lande. Doch jeden Baubeginn vereitelte der Teufel durch Sabotage und Gestank. Die frommen Christen freilich wussten Rat: Sie bauten fern in Refrath heimlich eine zweite Kirche, und deren Glockenklang ver-

trieb den Teufel von der Höhe, sodass man nun den Bau in Herkenrath zu Ende bringen konnte. Draußen, unter imponierenden Kastanien, steht in der offenen Feldkapelle ein bemerkenswerter Kalvarienberg.

Wir unten folgen längs der Straße dem „Bergischen Weg" und dem „Kölnpfad". Gleich wo der Wald beginnt, noch vor dem Wiesenweg jenseits der Straße hinauf nach Herkenrath, schwenkt der Wanderweg am Waldrand rechts und bringt uns zurück in die Hardt. Sacht steigend geht es mit den beiden Zeichen durch den Wald, nach 300 Metern hinweg über einen Querweg („A 3") und beim Wegedreieck nach knapp 200 Metern mit allerlei Zeichen nach rechts, vor allem dem „Bergischen Weg" und dem Kreis. So kommen wir an der Flanke des Rückens sacht hinab, dann schwenkt der Weg nach links und bringt uns rasch bis an den Bach hinab. Dies ist erneut der Lerbach. Es geht hinüber, an der Grillhütte vorbei und mit wohlvertrauten Zeichen auf dem breiten, windungsreichen Weg erneut hinauf. Ein rotes Wasser kommt uns hier entgegen, ein Hinweis auf die „Grube Blücher", die hier vor Zeiten einmal lag. Rings um Bensberg wurden vielfach Erze abgebaut, Zink und Blei und Eisen, und oberhalb des Milchbornbachs wurde gar das teure Quecksilber gewonnen. 8

So erreichen wir an einem großen Wegedreieck das Naturfreundehaus Hardt, Einkehrmöglichkeit und Wanderknotenpunkt mit Spielplatz auf der Höhe der Hardt. Das Haus aus geweißtem Ziegelstein war bei seinem Bau um 1850 das Steigerhaus der Grube Blücher, die bis 1893 in Betrieb war und wo in insgesamt 13 Grubenfeldern bis zu 280 Arbeiter Erze aus dem Boden holten. Man braucht nur dem „Kölnpfad" von der Eiche ein paar Meter nach links, hinab, zu folgen und man findet Pingen, Abraumhalden, Einbruchstrichter über alten Löchern. Das Wasser, das uns dort begegnet, ist rot vom oxidierten Eisenerz. Noch nach dem Zweiten Weltkrieg wusch 9 man hier aus fremdem Abraum Reste von Metall. 1958 kamen schließlich die Naturfreunde ins alte Steigerhaus.

Wir verlassen nun den „Kölnpfad" und gehen mit den Zeichen „N" und dem Andreaskreuz an einer Buche rechts. Das Kreissymbol am Parkplatz ist nicht der Kölnpfad: Das gehört dem TV Herkenrath. Hier gehen wir rechts mit der asphaltierten Zufahrtsstraße zu Haus Hardt. Oben, bei der
10 achteckigen Schutzhütte im Wald („Hardtknippen"), verlässt die Zufahrt uns nach links. Wir überqueren geradewegs den asphaltierten Weg und folgen bei der Gabelung halbrechts dann Weg „N" und weiter dem Neandertalweg 30 („X") in die Tiefe. In einer Delle mit Windwurf wird der Weg zum schmalen Pfad, kurz darauf erreichen wir das Tal des Milchbornbachs und einen breiten Querweg, der dem Bachlauf folgt.

Bis 1832 hatte das Schloss als Lazarett gedient, zuletzt für Augenkranke. Dann wurde es auf Vordermann gebracht und fungierte fortan als Kadettenanstalt, von 1840 bis 1918. Jedermann in Bensberg weiß, dass zur Ertüchtigung der jungen Burschen der Milchbornbach zu Kaisers Zeiten abgeriegelt wurde, und so glaubt auch jeder gern, das Wasser vor uns sei dieser „Kadettenweiher". Doch der Kadettenweiher ist das Sumpfloch unterhalb. Dies hier, so die Kenner, ist der „Jungfrauenweiher", ein schöner Angelteich am Fuß der Böschung. Nach dem festen Willen der Verwaltung soll er aber bald so aussehen wie der verschwundene Kadettenweiher:

Im Milchborntal

Rochuskapelle

Nach einer neuen DIN-Verordnung genügt dem Teich die wohlvertraute Evidenz des bloßen Daseins nicht, um seine Existenz auch zu begründen, genauer: die Berechtigung der Existenz. Die neue DIN-Verordnung 19700 verlangt nach einer Untersuchung des Damms, der einst aus Abraummaterialien des Bergbaus aufgeschichtet wurde. Nicht, dass es Hinweise auf Risse oder andere Probleme gäbe. Doch ein Dammbruch fern im Erzgebirge hat zwar nicht den Milchbornbach, jedoch das DIN-System erschüttert. Und da weder die Verwaltung noch das Forstamt als Besitzer und erst recht die Angler nicht über das Geld verfügen, um die Untersuchung zu bezahlen, soll der Teich nun abgelassen werden, ehe er der Welt womöglich zeigen könnte, dass er eigentlich für eine Ewigkeit errichtet wurde.

Wir wandern nun im Tal des Milchbornbachs hinab mit den Zeichen „A 1" und dem Andreaskreuz. Jenseits des Damms steht eine Hütte. Dann geht es weiter am Kadettenweiher oder dem, was übrig ist von ihm. Wo der Weg sich in der Böschung gabelt, bleiben wir am Bach und links. Es geht durch einen Rechtsschwenk, der Weg fällt nunmehr deutlich ab und wir passieren das Waldstadion. Dahinter kommt von links, vom großen Parkplatz her, der „Kölnpfad", und wir wandern weiter, bei einer Bank vorbei an einer kleinen, eingefassten Quelle, bald darauf am Milchbornbad vorüber, das in seiner Frühzeit noch vom Bach gespeist wurde. 11

Links vor uns, auf der Höhe, sehen wir St. Nikolaus von 1883 und die barocken Laternen des Schlosses. Seit 1981 sind die Backsteinmauern wieder kreideweiß wie bei ihrer Fertigstellung. Man hatte dafür eigens Ziegeleien angelegt. Und der Name „Steinbreche" in Refrath hält für alle Zeiten fest, wo der Naturstein für die Fassadengliederung gebrochen wurde. Tragen wir die letzten Jahre Schloss-Geschichte nach: Bis 1924 Obdachlosenasyl, ab 1935 Kaderschmiede für die Nazis, Kaserne für die belgischen Besatzer und belgische Schule. Erst seit 1992 gehört es wieder ganz den rechtmäßigen Erben des Herzogtums Berg: dem Land Nordrhein-Westfalen.

1 Dann erreichen wir erneut das „Hexenhäuschen" unserer Kindheit, das heutige „Waldhotel Mangold", schauen den Köchen in die Töpfe und gehen links zurück zum Ausgangspunkt.

INFORMATION

CHARAKTER
Das Naherholungsgebiet zwischen Bensberg und Bergisch Gladbach ist geschichtsträchtiger Boden, durchsetzt von Blut und Eisenerz.

ANFAHRT
Von Köln Hbf. mit S11 bis Bergisch Gladbach, *www.bahn.de*, dann mit Bus 227 bis „Milchborntal", *www.rvk.de*
Mit dem Auto A 4 bis AS Bensberg, dort Richtung Bergisch Gladbach, in der Biegung rechts „Am Milchbornbach" bis zum Ende mit Parkgelegenheiten

NAVI-EINGABE
N 50.970654, E 7.155970

DAUER / LÄNGE
3 Stunden / 8 km

VARIANTEN
Abkürzung vgl. Karte

WANDERKARTE
Das Bergische (Hg.): Wanderkarte Bergisches Land, Maßstab 1:25.000 (= Karte 4: Mitte) 2015

GASTHÄUSER
Waldhotel Mangold
Am Milchbornbach 39
51429 Bergisch Gladbach
Tel. 02204/955 50
(Ö) Di–Sa ab 12 Uhr
www.waldhotel.de

Naturfreundehaus Hardt
Hardt 44, 51429 Bergisch Gladbach
Tel. 02204/86 75 58
www.haus-hardt.de

Am Kaisersch Baach
Gladbacher Straße 72

51429 Bergisch Gladbach
Tel. 02204/91 66 14
(Ö) Mi–Sa ab 17 Uhr, So ab 11 Uhr
www.kaisers-bach.de

Hotel Am Alten Fronhof
Im Fronhof 21
51429 Bergisch Gladbach
Tel. 02204/815 68
www.am-alten-fronhof.de

„Vendôme"
Kadettenstraße
51429 Bergisch Gladbach
Tel. 02204-420
www.schlossbensberg.com

AUSKUNFT

Stadt Bergisch Gladbach
Tel. 02202/14-0

WWW.

www.bergischgladbach.de
www.lust-auf-bensberg.de

WEGVERLAUF

1 – 2 „Bergischer Weg", „Bergischer Streifzug 13"
2 – 3 „Kölnpfad" (Kreis)
3 – 5 „A 2"
5 – 6 „Bergischer Streifzug 13"
6 – 7 „Kölnpfad"
7 – 9 „Kölnpfad"
9 – 11 „X 30", „Bergischer Streifzug 13"
11 – 1 „Bergischer Weg", „Bergischer Streifzug 13"
8 Abstecher Kirche
4 – 9 Abkürzung „Bergischer Weg"

TOUR 19

Wo Jan Wellem die Erbsen schmeckten

Durch den Königsforst

Seit dem August des Jahres 1904 fuhr die Vorortbahn mit schöner Regelmäßigkeit zum Königsforst. Noch zwei Kriege später, als wir Kinder waren, hieß sie deshalb „K". Werktags brachte sie die Arbeiter nach Deutz und Kalk zur Arbeit, sonntags an die frische Luft: „Zu den Aufgaben, welche durch das ungewöhnliche Anwachsen der Großstädte in den letzten Jahren an Bedeutung zugenommen haben und eine aufmerksame Beachtung der Verwaltung erheischen", so ein Gutachten vom Anfang des vergangenen Jahrhunderts, „gehört auch die Schaffung ausreichender Erholungsplätze für die städtische Bevölkerung, die ein Verlangen und ein Bedürfnis hat, an den Sonn- und Festtagen in reiner Luft und schöner Natur außerhalb des Getriebes der Großstadt Körper und Geist zu erfrischen."

900 Jahre war der Königsforst schon alt, als er zur grünen Lunge wurde, zur Sommerfrische für die Stadtbevölkerung im sogenannten Ballungsraum. Vergebens hatte sich der Bürgermeister der Gemeinde Merheim gegen „die Elektrische" gewehrt, weil sie „ein Publikum herausbringe, welches den Vororten nicht gerade erwünscht sei". Gemeint war damit auch die Arbeitnehmerschaft der „Chemischen" in Kalk. Wo die einst lag,

entstand für das gemeinte „Publikum" inzwischen ein „Urban Entertainment Center": Das ist dann auch von Rath aus mit der „9" leicht zu erreichen. So ändern sich die Zeiten!

Der alte Königsforst, 2.519 Hektar geballten Chlorophylls, ist noch immer mit der Bahn leicht zu erreichen. Wie andere vor 100 Jahren wandern wir hier los: Hinweg über den „Mauspfad", wo damals schon das „Schmitze
Büdchen" stand. Dahinter in die „Forsbacher Straße" hinein und gerade- 1
wegs bis an ihr Ende. Das letzte weiße Haus zur Linken ist die Försterei, halb in die alte Rheinterrasse eingegraben. Hier wurden damals Sand und Kies gebaggert für den Bau der Kölner Südbrücke, erst später kam die „Göttersiedlung" an den Königsforst. An der rot-weißen Holzschranke erreichen wir das Naturschutzgebiet Königsforst und folgen der Verlängerung der Straße mit vielen Zeichen in den Wald hinein.

Seit dem 10. Jahrhundert war der Forst schon Banngebiet der Könige mit einer Fülle abgestufter Nutzungsrechte – von der Viehtrift bis zum Leserecht an Heidekraut und Ginster, Farn und Laub als Einstreu für den Stall der umliegenden Bauern. Das Jagdrecht selber war allein den Herrschern vorbehalten. Bis heute ist der Wald im rheinischen „Dreiländereck" (weil immer noch drei Städte Anteil an ihm haben, Rösrath, Köln und Bergisch Gladbach), Staatsforst geblieben, bis heute angereichert durch Geschichte und Geschichten: Hier war es, wo sich der Räuber Hopsa dem Zugriff jeder Obrigkeit entzog, indem er sich im Hastunichtgesehen in einen Strauch verwandelte. Und hier war es auch, wo man dem Kurfürsten und Herzog Johann Wilhelm II., besser bekannt als Jan Wellem, dem Reiter aus der Düsseldorfer Altstadt, Lebenserfahrung an Erbsen und Speck servierte.

Tatsächlich soll Johann Wilhelm II. ein Prasser und Virtuose an der Steuerschraube gewesen sein, doch in der Erinnerung lebt er bis heute fort als leutseliger Freund des Volkes, der Speck und Erbsen mindestens so liebte wie einst der Kanzler Schröder Flaschenbier. Und das kam so – zumindest wird es so erzählt: Bei einer Jagd von seinem Zweitschloss Bensberg aus verlief der Herzog sich im Königsforst und irrte viele Stunden durch den Wald. Der Eifelverein, der hier die vielen Wegmarkierungen in

Sieger im Bergtrikot

Stein gehauen hat, wurde erst 1888 gegründet. Führerlos und hilflos kam er zuletzt an eine Hütte, in der die Bauersfrau dem fremden Jäger, den sie vor sich glaubte, mit Speck und Erbsen wieder auf die Beine half. So schmackhaft, ließ er hinterher verbreiten, sei noch kein Gericht gewesen – und war auch später keines mehr.
Zurück in Düsseldorf, verlangte er nach Speck und Erbsen forestière, soll heißen: à la Königsforst, doch sie schmeckten nur nach Speck und Erbsen, weniger nach Freiheit und Abenteuer. Er ließ die fremde Bauersfrau mit seiner Staatskarosse in die Hauptstadt bringen und hieß sie Speck und Erbsen kochen: wieder nichts! Da ging ihm auf, dass ihm die eigentliche Würze fehlte, nämlich jener bislang unbekannte Hunger, und er pries die kleinen Leute und das karge Leben. Später taten seine Dichter in beflissener Frakturschrift noch den Spruch hinzu: „Wer sich vor Arbeit nicht tut schrecken, dem soll es wie Jan Wellem schmecken." Und wir dürfen sicher sein: Das Sprüchlein schmeckte ihm.

Rather Weiher

Mit solchen Weisheiten zum genius loci gerüstet, geht es in den Königsforst hinein: Zur Rechten liegen Pferdekoppeln. Nach 400 Metern im Wald
2 erreichen wir einen Unterstand aus hellen runden Stämmen mit einer Fratze im Dach und folgen nun halb rechts dem gut beschilderten Waldlehrpfad und dem Wanderweg „K". Es geht durch Reihen frisch gepflanzter Buchen mit Stieleichen dazwischen. Nach einem kurzen Stück mit Fichten kreuzt ein Querweg. Wir wandern weiter geradeaus, auch als uns der Waldlehrpfad scharf nach links verlässt. Der Boden ist mit braunem Laub be-

deckt, vermoostem Holz, dazu den aufgeplatzten Eichenstämmen, die der Herbststurm umgeworfen hat.

Monte Troodelöh

An einer Ecke jungen Nadelwalds stehen wir erneut auf einer Kreuzung. Hier folgen wir dem „K" rechts. So kommen wir, die Tannen links und hohe Kiefern rechts, nach 150 Metern erneut an eine Kreuzung mit einem Regenschutz für Wanderer. Dahinter fließt der Giesbach durch das Laub. Die alten Steine des Eifelvereins („K.E.V."), an denen wir als Kinder schon die Richtung buchstabierten, stehen hier noch heute. Wir gehen links („Forsbach 75 Min."), gleich über den Giesbach hinweg und nun für einen guten Kilometer auf der „Schnacke-Linie", der ehemaligen Verlängerung der Heumarer „Forststraße", von ihr seit langem durch die Autobahn getrennt, doch immer noch so „schnack", schnurgerade nämlich, wie im dritten Band von Wredes kölschem Wörterbuch: „ne schnacke Minsch", „ne schnacke Wäch".

Nach 400 Metern kreuzen wir den asphaltierten „Rennweg", der an die 3
frühen Hochöfen, die „Renn"-Öfen, erinnert, in denen man das Eisen „rennen", nämlich rinnen machte, („K", nun auch mit dem Kreissymbol des „Kölnpfads" und dem Winkel von Weg 4). Seit der Steinzeit war der Königsforst besiedelt, viele Hügelgräber zeugen heute noch davon. Als „Forst" gewann er später seinen Ruf bis heute, da war er Jagdrevier und Fleischkammer der Herzöge von Berg, mit Privilegien nebst Rot- und Schwarzwild vollgestopft, dass das einstmals edle Waidwerk darüber zur Notdurft verkam. Denn das Wild war eine schlimme Plage für den Wald wie für die Bauern, die sich nur mit kleinen Hunden, harmlosen Möpsen oder Spitzen, auch nur mit untauglichen Waffen gegen die Vernichtung ihrer Vorräte an Haus und Hof zur Wehr setzen durften. Übergriffe zogen harte Strafen nach sich, oft genug die Folter. Wilddiebe ketteten die Förster bisweilen mit zerschossenen Gelenken an die Bäume des Walds und überließen sie dort ihrem Schicksal. Wo keine Gnade herrschte, wo Wildpret höher angesehen war als die Bevölkerung und Wilderei härter bestraft als Mord, da wurden auch die Bauern gnadenlos. Sie lebten mit den

Jägern ihrer Herzöge im Bürgerkrieg. Erst am Ende des Feudalzeitalters besserten sich die Verhältnisse. Kurfürst Karl Theodor erhörte die Bauern und gab die Hirsche bis auf 100 allesamt zum Abschuss frei, sämtliches Schwarzwild dazu. 4.000 Hirsche blieben so von Oktober bis Dezember 1790 auf der Strecke, und den größten Teil der Beute durften sich die Untertanen billig kaufen.

Liegen lassen! Der Gipfelstempel

Der zweite, unscheinbare Querweg, den wir kreuzen, ist der alte „Wolfsweg", der parallel zum „Mauspfad" an der Rheinterrasse die Erdenburg mit Spich verband, 15 Kilometer mitten durch den Wald. Während der bekannte „Mauspfad" an keine Maus erinnern mag, trägt der „Wolfsweg" seinen Namen ohne Prätention: Wölfe waren einst im Königsforst so häufig wie die Mountainbiker heute, fast jeder Herzog legte neue Zirkularbefehle und Statuten auf zur Ausrottung der Wölfe. Sie hielten sich indessen, bis die Brüder Grimm ihnen Asyl gewährten. An der nächsten Wegekreuzung, 100 Meter weiter, verlassen wir den Wanderweg 4 und folgen nun dem „Kölnpfad" und „A 1". Am Boden steht noch immer „Hummelsbroich" als Ziel: Das war einmal ein Herrensitz von 1368, seit 1928 ein beliebtes Ausflugsrestaurant, das 1978 der Autobahn zum Opfer fiel. Seither residiert am selben Ort die „Bundesanstalt für Straßenwesen", die bei Anwohnern meist zärtlich jene „für Straßenunwesen" genannt wird.

Nach einem halben Kilometer erreichen wir wieder eine jener großen Wegespinnen mit einer Schutzhütte im Wald. Rechts steht zwischen Eiben eine Eiche, die Bundespräsident Karl Carstens als Deutschland-Wanderer gepflanzt hat. Ganz stimmt das nicht: Der Baum des Präsidenten schlug keine Wurzeln, so pflanzte man noch einmal eine Eiche, diese hier. Vielleicht hat man ihm damals jene Anekdote seines Vor-Vorgängers Jan

Wellem erzählt, der inkognito im Wald auf einen Schweinehirten traf und ihn nach seinem Lohn befragte: „Drei Taler", sagte der, „dazu die Schuhe, einen Rock und Kost." So viel, entgegnete der Kurfürst, und mehr noch habe er an einem Tag! Darauf der Hirte: „Dunnerkiel! Dann ist Eure Schweineherde aber auch viel größer!" Das Bild vom Hirten schmeichelte gewiss dem Herzog und hätte sicher auch dem Bundespräsidenten gut gefallen. Wen jetzt nach Abkühlung verlangt, dem käme wohl die Wassertretanlage gegenüber gerade recht. Links ginge es hier mit Weg 2 zurück zum Start. Wir wandern freilich weiter mit dem Kreis, nun auf dem „Wolfsweg", der für lange Zeit die Kölner Stadtgrenze markiert, immer noch in Richtung Hummelsbroich.

Der Weg steigt an, weil nun der Große Steinberg vor uns liegt. Noch immer steigend, wechseln wir von lichtem Buchenwald in dichtes Fichtenholz. Die Fichte kam als ungeliebter „Preußenbaum" einst in die Rheinprovinz: Anders als mit Nadelbäumen war der Raubbau der napoleonischen Besatzung nicht zu kompensieren. Nach 750 Metern erreichen wir bei einer 4
Bank das nächste große Wegekreuz: Links lockt erneut die Umkehr, wir aber gehen rechts und folgen fortan dem Andreaskreuz („X") des „Kurkölner Wegs" von Köln nach Meschede sowie dem Winkel von Weg 5. So steigen wir die letzten Meter bis zum höchsten Punkt im Königsforst. Zur Linken liegt der Abraum vor dem Loch, das einst dem Berg zu seinem Namen verholfen hat, zur Rechten gleich darauf die flache Kuppe, 131,60 Meter hoch. Kaum zu glauben, dass die gelinde Höhe einst ein Belvedere war: Bis ins Rheintal reichte hier vor 100 Jahren noch der freie Blick. Da mochten dann die Väter an den abgezählten fernen Schloten von „Humboldt", „van der Zypen & Charlier" und der „Chemischen", bis 1893 „Vorster & Grüneberg", stolz den Kindern ihren Arbeitsplatz erläutern. Dahinter fällt der Weg naturgemäß sacht ab, auf helle Buchen folgt ein Stück mit Fichten. Dann geht es neben Bänken über den Rundweg „A 3" hinweg und 5
weiter geradeaus mit Winkel und Andreaskreuz, am flachen Mergelsberg

Isola Bella

entlang und dann hinab in die Geländekerbe mit dem Giesbach. Vor dem
Bach vereinigt sich ein Weg von rechts mit unserem, wir wandern halb
6 links weiter, überqueren bald den kleinen Bach und steigen an, bis wir die
alte Spur der Köln-Lindlarer Eisenbahn von 1912 erreichen, die rechts als
Damm und links als Hohlweg im Gelände liegt. Von Deutz nach Bergisch
Gladbach fuhr schon 1868 eine Eisenbahn, zwei Jahre später drang sie
dann bis Bensberg vor, seit 1890 über Forsbach gar bis Immekeppel, mit
Rauch und Feuer spuckend mitten durch den Königsforst.

Hier wandern wir nun auf der alten Trasse mit dem Weg 5a nach links,
600 Meter weit, vorbei an einer alten Rampe, bis zum nächsten Querweg,
wo rechts der Bahn der Wald gepflastert ist. Als Kinder haben wir den
Bahnhof Forsbach noch gekannt. Jetzt steht hier unter einer schützenden
Kastanie bei einer Sitzgruppe ein Stein mit einer Bronzetafel, gestiftet
7 von der „Dörper Einigkeit" zu Forsbach, und bestätigt unsere Erinnerung:
„Von 1890 bis 1961 fuhr hier die Eisenbahn". Inzwischen ist die alte Schie-
8 nenspur ein Tummelplatz für Jogger und für Fahrradfahrer. Hier folgen wir
nun links dem „Bergischen Weg" bis an die nächste Kreuzung mit einer
schlichten Hütte und der sogenannten „Kaisereiche", die ihren Namens-
geber samt einem ganzen Potpourri von Rechtsnachfolgern überlebt zu
haben scheint. Dabei hat sie nur den stolzen Namen fortgeführt: Die alte,
„echte" Kaisereiche stand einmal mitten auf dem Weg, der so für sie zum
Feld der Ehre wurde. Denn Angehörige der Siegermächte nach dem Ersten
Weltkrieg schossen sie in individuellem Siegesrausch zu Brennholz, worauf
man später ihrem Nachbarn ihren Namen übertrug.

Hinter der Hütte gehen wir nach rechts und folgen mehr als einen Kilome-
ter weit dem schnurgeraden „Pionier-Hüttenweg" („A 1"), als dessen Ziel
und Fluchtpunkt heute noch die „Kaisereiche" gilt. Rechts wie links des
Wegs gluckst Wasser und rinnt im braunen Laub dem Wahlbach entge-
9 gen. Die Landschaft wandelt sich zum Moorgebiet mit Erlen, Birken und
Gesträuch. Nach mehr als 1.200 Metern stoßen wir im spitzen Winkel
wieder auf den Wolfsweg. Rechts ginge es mit Keil und Winkel von der
nahen Hütte rasch zu Kettners Weiher, einer Empfehlung für den Sommer,
wo wir als Kinder Huckleberry Finn und „Big Missouri" spielten.

Jetzt aber wenden wir uns links und wandern mit dem „Bergischen Weg"
auf dem Kölner Stadtrand sacht bergauf, wo wir nach einem halben
Kilometer den nächsten Höhepunkt erreichen, den „Monte Troodelöh", mit
118,04 akkurat vermessenen Metern über NN Kölns höchsten Punkt und

deshalb hier von einer Bank mit einer „Gipfelbank" versehen, mit einem Stein und einem Gipfelbuch. Die feierliche „Erstbesteigung" dieses Gipfels am 11. November 1999 war ein Scherz von frohgemuten städtischen Bediensteten nebst einem selbst ernannten „Sherpa", und warum nach einem Wettbewerb der Berg nun seinen, diesen Namen hat, begreift man gleich, wenn man die Namen der städtischen Spaßvögel kennt: Troost, Dedden, Löhmer, also „Troo-De-Löh". Sie halten seither ihrem Berg die Treue, die Forstverwaltung stiftete den Felsen und die Kölner Abteilung des Alpenvereins zu ihrer 125-Jahr-Feier 2001 den – zwischenzeitlich gestohlenen – Gipfelstempel mit Kissen und Buch.

Nach kurzem „Abstieg" haben wir das nächste Wegekreuz erreicht: Jetzt 10
folgen wir dem breiten unmarkierten Weg nach rechts. Nach einem halben Kilometer schwenkt der Weg sacht links und überwindet eine schmale Höhe im Gehölz. Bei einer einzelnen Eiche überqueren wir erneut den asphaltierten „Rennweg" und wandern gegenüber weiter, Kiefern und Buchen zur Linken, Fichten rechts. Nach 400 Metern kreuzen wir bei einer Holzbank einen Querweg und wandern weiter geradeaus, überqueren dann nach einem Schwenk nach links den kleinen Wasserbach und erreichen bald darauf den
großen „Brück-Forsbacher- 11
Weg" mit einer Wegespinne. Hier nehmen wir nun gegenüber und halb links den unmarkierten Weg, der wie ein Lineal im Wald liegt, anfangs zwischen hohen Eichen. Nach einem knappen halben Kilometer kreuzt ein Querweg, dann liegt, nur 100 Meter weiter und beim nächsten Querweg, in einer Senke rechts der halb verlandete „Seerosenweiher", auch „Entepöhle" genannt. Mehr als die Enten lieben wohl die Frösche diesen Teich, wenn sie im Frühjahr

Nach der Tour

12 lautstark Hochzeit feiern. Wir wandern weiter, immer geradeaus, und erreichen nach dem nächsten Querweg bei einem großen Schutzpilz dann den „Rather Weiher", zu dem der Sellbach hier gestaut ist. Zur Rechten ragt ein Brocken von Konglomerat aus dem weichen Boden, zur Linken Entenbürzel aus dem Teich. Je nach Jahreszeit sind hier die Frösche „unplugged" zu bewundern, und wer Glück hat, so wie wir, der kann auch Schildkröten bestaunen. Wir haben nun die Rundwege „A 2/3" erreicht und lassen uns auf diesem letzten Stück vom Wald die Zeit vertreiben mit den Visitenkarten seiner Bäume am Waldlehrpfad.

2 Noch einmal kommen wir bei einer Bankgruppe über einen Weg hinweg. Dann erreichen wir den großen „Steinbruchsweg" und folgen ihm nach
1 rechts mit Winkel und Andreaskreuz („X"), vorüber an der Schutzhütte vom Anfang, vorüber an den Pferdekoppeln und zum Wald hinaus, zurück.

INFORMATION

CHARAKTER

Naherholungsgebiet, „Grüne Lunge" der Großstadt, und doch ein richtiger Wald: der Königsforst, einst der lebende Kühlschrank der bergischen Herzöge, wird heute mannigfach genutzt, was auch bedeutet: gepflegt. Daher wirkt er gelegentlich auch wie ein Park. Ein vielseitiges Wandergebiet mit zahlreichen Erinnerungsstücken seiner langen Geschichte ist er allemal.

ANFAHRT

Von Köln Hbf. mit S19 bis Köln Trimbornstraße, *www.bahn.de*, dann mit Linie 9 bis Endhaltestelle „Königsforst", *www.kvb.de*
Mit dem Auto A 559 nach Köln-Rath, Parkplatz „Forsbach Straße"

NAVI-EINGABE

N 50.970654, E 7.155970

DAUER / LÄNGE

3–4 Stunden / 13 km

WANDERKARTE

Das Bergische (Hg.): Wanderkarte Bergisches Land, Maßstab 1:25.000 (= Karte 4: Mitte) 2015

GASTHÄUSER

Am Weg keine, abseits des Wegs: Landgasthof Heideblick
An der Krumbach 3A, 51503 Rösrath
Tel. 02205/16 75
(Ö) Apr.–Sept. tägl. 12–17 Uhr und ab 18 Uhr, Okt.–März Di–So 12–17 Uhr und ab 18 Uhr
www.gasthof-heideblick.de

In Rath zahlreiche, an der Haltestelle: Schwalbennest
Rösrather Straße 760, 51107 Köln
Tel. 0221/86 11 89
(Ö) Mo–Sa 11–23 Uhr, So 11–22 Uhr

Café am Königsforst
Rösrather Straße 759, 51107 Köln
Tel. 0221/86 23 20
(Ö) Mo–Sa 9–18 Uhr, So 11–18 Uhr
www.cafe-am-königsforst.de

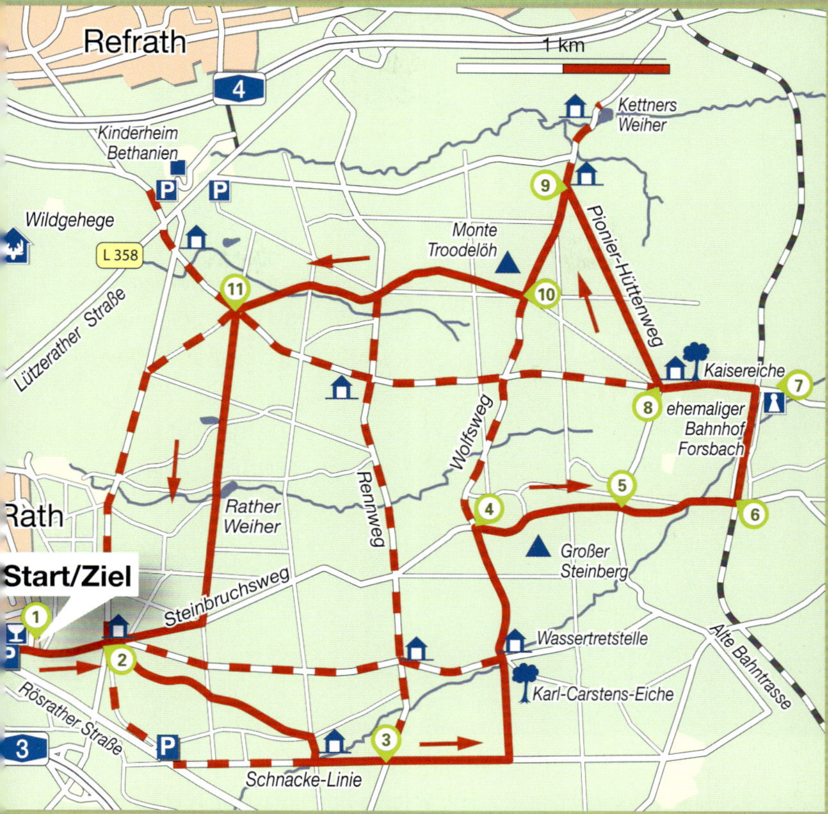

AUSKUNFT

Stadt Köln
Tel. 0221/221-0

Deutscher Alpenverein, Sektion Rheinland – Köln e. V.
Tel. 0221/240 67 54

WWW.

www.stadt-koeln.de
www.dav-koeln.de
www.schmitzebud.com
www.monte-troodeloeh.de
www.123rath.de
www.dav-koeln.de

WEGVERLAUF

1 – 2 zahlreiche Zeichen (u. a. „X")
2 – 3 „K"
3 – 4 „K", Kreis (Kölnpfad), „X 22", „A 1"
4 – 5 „X 22", Winkel, „A 1"
5 – 6 dito
6 – 7 Winkel, „A 3"
7 – 8 „Bergischer Weg"
8 – 9 „A 1"
9 – 10 „Bergischer Weg"
10 – 11 keine
11 – 12 keine
12 – 2 „A 2"
2 – 1 „X 22" u. a.

TOUR 20

Zum Berg der Wichte

Von Hoffnungsthal über den Lüderich

Hoffnungsthal ist Volberg – und Volberg Hoffnungsthal. Nicht immer schon, doch seit dem 19. Jahrhundert ganz gewiss. 1773/74 begründete ein hellsichtiger Monsieur Boullé bei Volberg an der Sülz ein Hammerwerk und nannte es den „Hoffnungsthaler Hammer“, um sich bei den Nachbarn populär zu machen. Im Flusstal schnarchten ein paar Rittersitze vor sich hin und träumten von der guten alten Zeit, ansonsten aber lag man hier abseits von allem, mit dem sich Geld verdienen ließ. Und die ortsansässigen Krautsiedereien waren auch nicht gerade eine Wachstumsbranche. So schlug der Hammer bald den Takt, und schon seit 1780 nannte Volberg links der Sülz sich Hoffnungsthal.

Doch der Durchbruch kam erst 1830 mit dem Bau der Olper Straße durch das Aggertal – weniger der Straße wegen als des Bruchs. Denn beim Steinebrechen für die neue Straße stießen Arbeiter bei Altenbrück am Hang des Lüderich auf Erz: Zwar hatten dem Vernehmen nach hier auch schon die Römer geschürft, und schriftlich ist der Erzabbau seit 1518 überliefert, aber erst im 19. Jahrhundert fand man neue Verfahren der Verhüttung, die den Abbau an der neuen Stätte profitabel machten. Seit man Zink aus Zinkblende gewinnen konnte, gab es auf dem Lüderich kein Halten mehr.

Zu den Stollen kamen Schächte, Nordschacht (1870) und Zentralschacht (1876), Südschacht (1883) und Franziskaschacht (1892). 1880 waren am, im oder um den Lüderich herum 28 Gruben mit rund 3.000 Bergarbeitern in Betrieb. Am 1. Juli 1890 kam die Eisenbahn von Bensberg, am 1. Dezember des folgenden Jahres fuhr sie bis nach Immekeppel und 1912 sogar bis Lindlar. Im 20. Jahrhundert gab es endlich eine feste Straße an der Sülz entlang, um den Segen aus der Tiefe abzutransportieren, und nur noch selten warnte einer vor dem Bergbau mittels der Legende von den heidnischen Zwergen im Berg – und wie der böse Liebe Gott sie ausgerottet hat. Davon später! Für den Augenblick genügt, dass sie verschwunden sind. Aber sonst ist alles noch am Ort, und unser Weg führt mittendurch: von Volberg geradewegs nach Hoffnungsthal und auf den Lüderich.

Wir beginnen inmitten des Orts, dort, wo seit 1891 die Eisenbahn ver- 1
kehrte. Schon auf einem Stadtplan mag einen der besondere Verlauf der „Rotdornallee" überraschen: Im sanften Bogen durch den ganzen Ort, von der „Hauptstraße" über die Sülz und zuletzt zu ihr zurück – das war einst der Verlauf der Eisenbahn nach Lindlar und zum Hammerwerk, bei Nummer 39a lag der Bahnhof, der später, als Hoffnungsthal mit einer zweiten Trasse, einem zweiten Bahnhof und vor allem einem Tunnel an die Bahn in Overath und weiter aggeraufwärts angeschlossen war, „Nordbahnhof" hieß. Dort, wo die „Rotdornallee" die „Hauptstraße" erreicht, lagen früher dicht an dicht die Gleise. Heute liegt hier unser Parkplatz.

Altvolberg

Von seiner Nordspitze aus, gegenüber 1
der „Volberger Straße" und „Am Hammer", wandern wir auf der „Hauptstraße" mit dem Zeichen des „Bergischen Wegs" nordwärts, 150 Meter weit. Dann folgen wir dem „Rothenbacher Weg" bergauf und mit ihm für lange dem „Bergischen Weg", dessen orangefarbene Markierung uns bis an den Gipfel bringt.

Daneben ist der Wanderweg mit einem Winkel für die Wege 2 und 12 markiert und dem Andreaskreuz des Sauerländischen-Gebirgsvereins-Wegs 22, des „Kurkölner Wegs". Der kleine Bach springt neben dem Sträßchen zu Tal. Nach 200 Metern folgen wir links der Straße „Auf dem Rosenberg" weiterhin bergauf. Nach weiteren 200 Metern, ehe das Gelände wieder abfällt, biegen wir rechts in die Straße „Im Kläfberg" ein („Bergischer Weg"). Es geht am „Krähenhüttenweg" vorüber und weiter geradeaus, dem Lüderich entgegen, der höchsten Höhe zwischen Sülz und Agger, also lange Zeit bergauf. Am Ende der Straße passieren wir die rostige Barriere und kommen in den Wald, vorbei an dichten Ilexbüschen, und mit jedem Schritt bergauf. Auf der Höhe führt der gut markierte Weg entlang an ein paar eingezäunten Grundstücken, einmal gar entlang an einem Zaun, der den Ilex hinter sich mit Stacheldraht bewacht. Dann folgen zur Linken Fichtenwald und auf der rechten Seite Buchen. Dahinter überqueren wir den breiten Abfuhrweg („A 1"), wo uns ein Hinweispfosten 1,9 zurückgelegte Kilometer attestiert. Wir steigen weiter an mit dem „Bergischen Weg", dem Lüderich entgegen. Vor hohen Fichten schwenkt er wenig später links und bringt uns an ein Wegekreuz.

An der Sülz

Wir kreuzen hier den Querweg und wandern weiter, Fichtenwald zur Linken und zur Rechten hohe Kiefern. Nach etwa 80 Metern schwenkt der Weg mit den vertrauten Zeichen rechts und bringt uns 150 Meter weiter an eine Gabelung im Wald. Wir folgen den Zeichen rechts. Hier lag zur Eisenzeit ein Ringwall um den Lüderich, und nachgewiesene Holzkohlespuren legen die Vermutung nahe, dass die Befestigung vor ungefähr 2.500 Jahren gewaltsam eingenommen wurde. Auch Hügelgräber hat man hier entdeckt.

Bald sehen wir zur Linken durch einen schnurgeraden breiten Stichweg den Wasserhochbehälter auf dem

Rasentrimmer

Lüderich. Mit seinen 260,60 Metern ist der Berg als solcher vollkommen unspektakulär. Der Plan zu einem Turmbau des „Landesfremdenverkehrsverbands" kurz vor dem Zweiten Weltkrieg reifte nur bis zum Entwurf. Dafür aber hat der Berg es, ganz buchstäblich, in sich: nämlich ein System von Kammern und Höhlen, Stollen und Schächten, von denen der längste sich von Altenbrück bis Bergsegen tief durch den Berg zieht, fünf Kilometer weit. Viele sind den Fachleuten bekannt. Die anderen behindern dann und wann die freie Fahrt auf der A 4, indem sie den Asphalt in Falten legen. Hier also ist es endlich Zeit für eine Pause und Zeit auch für die Sage vom Lüderich-Berg.

Vor langen Jahren, als das Wünschen noch geholfen hat, lebte an den Flanken des Bergs eine Horde heimtückischer Zwerge, die heidnisch Frevel trieb. Längst war das Bergische bekehrt, sonntags läuteten im ganzen Tal die Glocken, nur die heidnischen Wichte trotzten der Taufe und verlachten ihre frommen Nachbarn jenseits von Agger und Sülz. Tagsüber gruben sie Stollen in den Erzberg und feierabends kegelten sie auf dem Lüderich. Doch statt mit Kegeln und Kugeln taten sie's mit Brotlaibern und Pferdeschädeln – wenn sie nicht gerade kleine Kinder raubten. Nur einer war den garstigen Gnomen gewachsen, und das war Gott persönlich. Er zitierte einen schmucken Hirsch, der die Heiden allesamt in ihren Stollen lockte, dann ließ er unter Blitz und Donner den Eisenberg zusammenstürzen. Da nützte alles Schreien nichts, die Zwerge gingen elendig zugrunde, und aus der Grube floss ein Blutstrom zu Tal, dass es die wackeren Kirchgänger zwischen Volberg und Immekeppel freuen durfte. Heute noch, so wird gesagt, erinnert der Ortsteil Rothenbach an das Massaker!

So viel zum lüderlichen Leben auf dem Lüderich. Es stimmt nur nicht: Der Rothenbach erinnert eher an das oxydierte Wasser, die Zwerge waren wohl die Kinder, die man ihrer vorteilhaften Größe bis ins 19. Jahrhundert wegen in die Stollen trieb, mit Ledermütze und dem sogenannten „Arschfell", aus dem die Uniform der Gartenzwerge wurde, und der Lüderich bedeutet „Lot", will sagen: Blei, und wenn nicht „reich", dann „ric", so viel wie Wasser, das hier immer schon nach allen Seiten floss.

Wir wandern weiter, sacht bergab mit Winkel, „K" und dem „Bergischen Weg". Es geht vorbei an einem unmarkierten Weg von links, mit allen Zeichen weiter geradeaus, wo wir nach 100 Metern auf einen breiten Querweg stoßen. Nach links verlässt uns, wenn auch nur vorübergehend, der „Bergische Weg" – oder bietet, gemeinsam mit dem roten Zeichen des „Bergischen Streifzugs 15", die Gelegenheit zu einem Abstecher zum Hauptschacht mit dem alten Förderturm mitten auf dem neuen Golfplatz und weiter zum Barbarakreuz, „den Bergleuten der Grube Lüderich errichtet von der Kirchengemeinde St. Barbara in Steinenbrück" am 6. September 1997: Errichtet auf der alten Abraumhalde, vom „Bergischen Weg" aus zu erreichen über die Verlängerung der Straße „Zum Hauptschacht".

Ansonsten geht es auf dem Querweg rechts mit roter „15", „K" sowie dem Winkel des Wegs 12, dann durch einen Streifen Kiefernwald und sacht hinab, vorüber am weißen Haus 58, das einst zum „Frühlingsschacht" gehörte. Nur wenig unterhalb kommen von rechts weitere Wege hinzu. Wir wandern weiter mit den aktuellen Zeichen, zu denen nun auch wieder das Andreaskreuz („X") gestoßen ist. Noch vor dem Örtchen Bleifeld trifft von links der „Bergische Weg" auf unseren. Hier wäre nun Gelegenheit, rechts bei der rot-weißen Schranke den Rückweg abzukürzen über den Franziskaschacht von 1892 und etliche der bergbaulichen Aufschlüsse des rot markierten „Streifzugs 15" bis hinunter in den Ort.

Hauptschacht

Wir aber wandern weiter geradeaus, gleichfalls mit der roten „15", Winkel, „K" und „X". So erreichen wir am Waldrand eine Bank und eine Eiche, an der der Wald in Versen zu uns spricht. Wer den Ort vermeiden möchte, wählt hier halb rechts den „Bergischen Weg“, der bald wieder zu uns stößt. Wir gehen geradeaus mit „X“ und roter „15“, am Ortsrand weiter auf der Straße, die noch immer „Zum Frühlingsschacht“ heißt, auch wenn der Bergbau 1978 aufgegeben worden ist. Mit allen Namen gibt sich Bleifeld (!) als Bergarbeiterstätte zu erkennen. Vorüber „Auf dem Brachfeld“ geht es weiter geradeaus bis an das Wegedreieck mit der „Großlödericher Straße“ (geradeaus) und „Auf dem Steinacker“ (nach rechts). Hier finden wir die Informationstafel der Station „H“ des „Bergischen Streifzugs“, unter anderem mit Erläuterungen zur Religiosität der Bergleute. Passend dazu sehen wir, wenn wir nach Norden blicken, fern das metallene Barbarakreuz.

Wir folgen rechts nun der Straße „Auf dem Steinacker“ mit den Zeichen des „Bergischen Streifzugs“ und dem Andreaskreuz, nach 150 Metern gehen wir auf der Straße „Bleifeld“ nach rechts und durch den Ort, vorüber am „Bleifelder Hof“ von 1863, seit 1922 Vereinslokal des vielfach gefeierten Männer-Gesang-Vereins Bleifeld, bis der sich 2008 wegen Altersschwund zum Oktett verkleinerte. Der „Bleifelder Hof“ hat überlebt als „Ristorante“. Sacht abwärts geht es durch den Kern des alten Orts.

Am Ortsrand kommt uns in seinem leuchtenden Orange der „Bergische 3
Weg“ entgegen und mit ihm, der „15“ des „Streifzugs“ und dem Andreaskreuz gehen wir im spitzen Winkel links zwischen den Garagen der Häuser 10 und 12 mit dem gesperrten Weg hinab. In der Senke, ehe der Asphaltweg wieder ansteigt, halten wir uns rechts. Der Weg führt in den Wald mit moderater Steigung, fast oben folgt ein großes Steinbruchloch, um das die bunt markierten Wege einen weiten Linksbogen schlagen. Es geht zum Wald hinaus, geradewegs über das Grünland und am nächsten kleinen Waldstück rechts entlang. Dort stoßen wir bei einer Bank auf einen asphaltierten Querweg, den wir mit allen Zeichen (sowie dem Winkel des „5a“) nach rechts verfolgen, sacht hinab bis ans Doppeldorf Lüderich/Berg. Ehe wir es recht erreichen, folgen wir dem Hinweispfosten „Lüderich, Bergstraße 186 m“ im spitzen Winkel links hinab, ins Quellgebiet von Knipperbach und Brunsbach tief im Wald.

Aus allen Löchern im Boden dringt Wasser und strebt zu Tal. Wir überqueren den Bach in der Kerbe und folgen ihm nun talwärts, nach rund 100 Metern fast im Weglosen am linken Ufer. Nach gut 400 Metern erreichen wir das Quertal, das die Eisenbahn genommen hat, und sehen ein paar

4 Schritte weiter links und unter uns die Tunneleinfahrt. Hier verlässt uns der „Bergische Weg" im spitzen Winkel nach links, um hinüber ins Aggertal zu steigen. Ebenso „X" und „5a" mit Winkel. Wir folgen dafür rechts dem „Bergischen Streifzug 15" nah der Trasse sacht hinab, dicht an den Schienen unter uns, passieren die Hinweistafel „I" und gleich den Bach, der kurz darauf als Aquädukt die Schienen überquert.

Seit 1884 konnte man von Köln per Bahn bis Ründeroth gelangen, an die Agger, allerdings im weiten Bogen über Siegburg und den Fluss hinauf. Umgekehrt fuhr man von Hoffnungsthal nach Kalk noch immer Arabesken über Bergisch Gladbach. Mit dem Finger auf der Karte kam man leicht auf

Golfen unter Palmen

andere Verbindungen: von Overath nach Hoffnungsthal und geradewegs nach Kalk. Dazwischen allerdings lag noch der Berg, auf dem wir gerade stehen, brüchiges Gestein, die Wasserscheide zwischen Sülz und Agger, von Wasseradern kreuz und quer durchzogen wie ein gutes Steak von Fett. Drei Jahre, drei Monate und sechs Tage dauerten die Arbeiten am Tunnel, vom ersten Stich „mit laubumkränzten Spaten" am 24. Juli 1906 bis zum Durchstich 1909. Und selbstverständlich stieß man wieder mal auf Erz, und die Grube Annacker hatte jahrelang zutun. Die Streckenführung mit der hohen Tunnelöffnung auf der Hoffnungsthaler Seite machte einen zweiten Bahnhof nötig, den sogenannten „Südbahnhof", hoch auf dem Aushub aus der Tunnelröhre. Von hier aus ging es dann seit 1910 in 28 Minuten bis nach Köln.

Wir steigen nah der Schienen über einen Felsensteig, dann erreichen wir bei einer „Bahnanlage" einen breiten Weg in der Böschung, der uns an und in den Ortsteil Blech bringt. Der Weg („15") entfernt sich von den Schienen und folgt der „Bleifelder Straße" geradeaus. Dann schwenken wir links in die Anliegerstraße „Brünsbacher Weg", überqueren den Bach und die Schienen und steigen mit dem Fahrweg auf im Rechtsschwenk bis zur Hofstatt Brünsbach, das Wohnhaus trägt ein Glockenspiel in der dem Tal zugewandten Fassade: zwölf Glocken, mehr als 400 Kilogramm schwer, gerettet aus Bad Münstereifel.

Schon in der Linksbiegung verlassen wir den asphaltierten Weg und folgen rechts dem Zeichen durch die Wiese, zwischen Koppelzäunen sacht hinab. Im Talgrund stoßen wir auf den Asphaltweg in der Böschung und folgen ihm nach links, vorüber an der ehemaligen Zinkblende- und Bleiglanz-Grube „Bergsegen", die ihren Namen nun der Sportanlage überlassen hat („15", Winkel, „K"). Unten überqueren wir die Schienen der Bahn und die „Bleifelder Straße" und erreichen Station „J" des „Streifzug". Hier lesen wir, dass das berühmte Hoffnungsthaler Freibad unserer Kindheit begonnen hat als Klärteich für die Grube. Wir wandern an der Buchenhecke weiter, am Freibad vorüber und stoßen neben seinem Parkplatz auf die „Rotdornallee", die alte Bahntrasse von einst, und kommen so nach rechts zurück zum Start. 5

Wer noch den Ort erkunden will, der hält sich links, folgt dann der „Hofferhofer Straße" rechts hinab, nimmt die „Hauptstraße" nach links, vorüber am barocken Rathaus und bis zur Brücke mit dem harmonischen Ensemble von (evangelischer) Volberger Kirche, Pfarrhaus und Gasthaus „Zur Brücke", 1

Barbarakreuz

von denen das Wirtshaus, ursprünglich auch Metzgerei, das älteste ist (1754/55) und das Kirchenschiff das jüngste (1788/90). Nur der Sockel des Turms und die Apsis des Chors sind noch romanisch. Hier, am urkundlich ältesten Teil von ganz Rösrath, zu dem heute Hoffnungsthal gehört, folgen wir am linken (!) Ufer dem „Sülzpfad" auf dem Damm flussaufwärts durch den hübschen kleinen Park („15"), bis an der nächsten Brücke der „Bergische Weg" zu uns stößt. Rechts bringt uns die „Volberger Straße" zum Startpunkt zurück. Der „Bergische Weg" läuft weiterhin der Sülz entgegen und führt uns schließlich, zweimal rechts, durch den Hoffnungsthaler Hammer ebenfalls zurück.

Es geht vorbei am Haus des Hammersmeisters 1784. Die alten Industrieanlagen selbst sind dem Untergang geweiht, der hier, wie häufig, „Aldisierung" heißt. Mit der „Gebrüder-Reusch-Straße" und der Straße „Am Hammer" („Bergischer Weg") kommen wir zum Ausgangspunkt zurück. Die Familie Reusch hatte Haus und Hammer 1816 übernommen und baute 1864 und dann noch einmal 1894/95 und 95/96 jene selbstbewussten Villen Nr. 310, 312 und 314, die wir nun jenseits der „Bergischen Landstraße" finden. 1939 wechselte das Werk zur Produktion von Heizkörpern, die niemand brauchte, weil der Krieg kam, wuchs noch einmal an mit Bomben und Granaten und beflügelte das deutsche Wirtschaftswunder ganz zuletzt mit Kesseln und Radiatoren. 1998 war die Ära Reusch zu Ende. Nur der Name ist geblieben: Hoffnungsthal.

INFORMATION

CHARAKTER

Montanhistorischer Wanderweg mit schönen Weitblicken, vor allem aber Spuren des Bergbau; Abstecher zum weithin sichtbaren Barbarakreuz; schönes, altes Ortsbild rings um die Brücke

ANFAHRT

Von Köln Hbf. RB 11526 Rösrath, *www.bahn.de*, dann mit Bus 422 bis Zentrum in Hoffnungsthal, *www.rvk.de*, Sa/So von Rösrath mit Taxibus (Info unter Tel. 01805/13 13 13)
Mit dem Auto A 3 bis AS Rösrath oder A 4 bis AS Untereschbach; Parkplätze zahlreich in Rösrath-Hoffnungsthal, zentral (und Ausgangspunkt) der Großparkplatz an der Einmündung der „Rotdornallee" in die „Hauptstraße"; vom Bahnhof „Lindenallee" hinab, mit der „Bahnhofstraße" durch zwei Schwenks an die „Hauptstraße", hier rechts durch Kurve bis zum Ausgangspunkt

NAVI-EINGABE

N 50.918151, E 7.198080

DAUER / LÄNGE

3 Stunden / 9 km
Abstecher zum Kreuz und Ortsrundgang entsprechend mehr

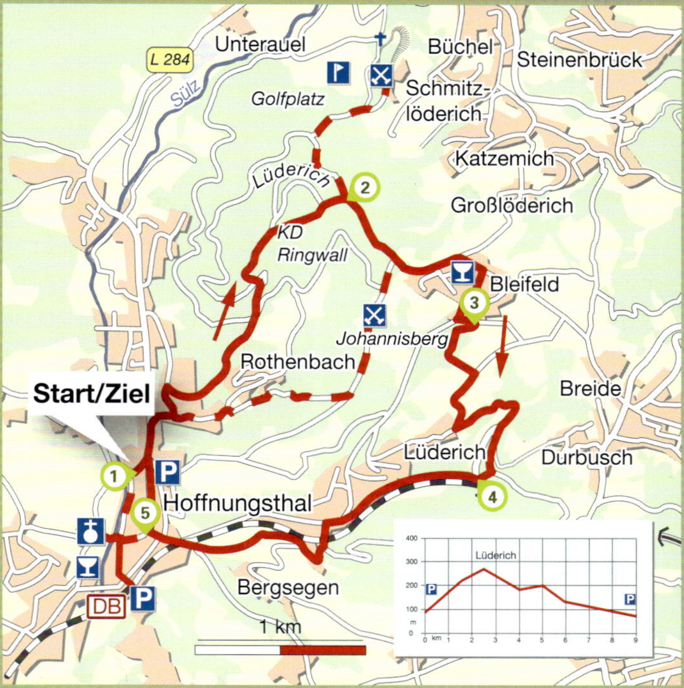

WANDERKARTE

Das Bergische (Hg.): Wanderkarte Bergisches Land, Maßstab 1:25.000 (= Karte 4: Mitte) 2015

GASTHÄUSER

In Hoffnungsthal zahlreiche, u. a.:
Zur Brücke
Hauptstraße 215, 51503 Rösrath
Tel. 02205/27 76
(Ö) Mo, Mi–Fr 16.30–1 Uhr, Sa 11–14 Uhr und 17.30–1 Uhr, So 11–1 Uhr
www.gasthof-zur-bruecke.de

In Bleifeld: Bleifelder Hof
Bleifeld 57, 51503 Rösrath
Tel. 02205/825 66
(Ö) Di–Sa 12–14 Uhr und 17–22 Uhr, So 12–22 Uhr
www.bleifelderhof.de

Bergisches Kulinarium
Am Golfplatz 1, 51491 Overath
Tel. 02204/42 67 94

AUSKUNFT

Stadt Rösrath
Tel. 02205/802-0

WWW.

www.roesrath.de
www.gv-roesrath.de/wir.htm
www.mgv-bleifeld.de/index.htm
www.golfsport2000.com
www.deraggertaler.de.vu

WEGVERLAUF

1 – 2 „Bergischer Weg"
2 – 3 Winkel, „Bergischer Streifzug 15"
3 – 4 „Bergischer Weg", „Bergischer Streifzug 15"
4 – 5 „Bergischer Streifzug 15"
5 – 1 Winkel

Abstecher durch den Ort: ab 5 Straßennamen folgen

Michael Bengel

Unter dem Pseudonym Peter Squentz veröffentlichte Michael Bengel weit mehr als 300 Tippeltouren. Er wurde mit dem „Köln Literaturpreis" geehrt und erhielt den höchsten schottischen Medienpreis für Reiseautoren, den „Scottish Thistle Award". Der passionierte Wanderer arbeitet als Publizist in Köln.